智能视频监控技术

姚 晨 苏志贤 主 编
李 特 副主编

电子工业出版社
Publishing House of Electronics Industry
北京·BEIJING

内 容 简 介

本书是由具有多年教学经验的教师和从业经验的企业工程师共同编写完成的，本书的编写目的在于和行业朋友分享、交流、探讨智能视频监控系统的原理、应用、技术发展趋势等。本书的内容涉及智能视频监控系统中的采集及编码技术、数据传输技术、数据存储技术、显示技术等方面，详细介绍了产品技术特点、技术应用的相关知识和工程应用规范。

伴随着平安城市的建设，安防行业在快速发展，安防行业的从业人员也在快速增加，为了行业领域人才培养需求，特编写了本书。本书可作为职业院校安全防范技术、物联网应用技术、智能监控技术、计算机网络技术等专业的教材，也可作为安防行业从业人员的学习用书。

未经许可，不得以任何方式复制或抄袭本书之部分或全部内容。
版权所有，侵权必究。

图书在版编目（CIP）数据

智能视频监控技术 / 姚晨，苏志贤主编. —北京：电子工业出版社，2021.10
ISBN 978-7-121-42121-1

Ⅰ.①智… Ⅱ.①姚… ②苏… Ⅲ.①视频系统－监控系统－高等学校－教材 Ⅳ.①TN948.65

中国版本图书馆 CIP 数据核字（2021）第 198500 号

责任编辑：朱怀永　　　　特约编辑：田学清
印　　刷：北京七彩京通数码快印有限公司
装　　订：北京七彩京通数码快印有限公司
出版发行：电子工业出版社
　　　　　北京市海淀区万寿路 173 信箱　　邮编：100036
开　　本：787×1092　1/16　印张：11.75　字数：300.8 千字
版　　次：2021 年 10 月第 1 版
印　　次：2022 年 9 月第 3 次印刷
定　　价：37.00 元

凡所购买电子工业出版社图书有缺损问题，请向购买书店调换。若书店售缺，请与本社发行部联系，联系及邮购电话：（010）88254888，88258888。
质量投诉请发邮件至 zlts@phei.com.cn，盗版侵权举报请发邮件至 dbqq@phei.com.cn。
本书咨询联系方式：（010）88254608，zhy@phei.com.cn。

前 言

《智能视频监控技术》是由具有多年安防行业经验的工程师和多年教学经验的教师共同编写完成的。本书在编写中，注重"学有所用"，理论与实践紧密结合，从安防的基础知识到 IP 视频监控系统的典型组网，结合系统的整体架构，详细介绍了基于 IP 的视频监控解决方案，以及弱电工程管理、工程设计和工程规范的知识。

对于以后从事安防行业的人来说，本书能够使他们从零基础学起、快速入门上手，是实实在在的"干货"。随着建设平安城市的深入推进，市场对安防从业人员的需求大大增加。为了适应这种需求，本书的知识点编写得简单易懂，适合高职学生（安全防范技术、物联网应用技术、智能监控技术应用、计算机网络技术等专业）、中职学生（电子类专业），尤其是校企合作学校的学生和安防行业的技术爱好者、企事业单位的保卫处的人员学习。

在编写此书时，尽管有多名经验丰富的技术支持工程师和在安防领域积累了多年工作经验的安防行业专家参与，编者也对本书做了细致的检查，但限于编者编著书籍经验有限，本书难免存在疏漏，恳请各位读者和专家发现后及时与编者联系。在此编者对支持本书的读者表示最诚挚的谢意。

特别申明，本书列举的典型案例都来源于浙江宇视科技有限公司的官网和安防行业的技术支持工程师的实践项目。感谢浙江宇视科技有限公司的技术工程师，感谢浙江省安全防范行业协会的赵永华秘书长，感谢和我合作编写的老师和朋友，最后还要感谢我的家人在时间上给予我的充分支持。

编 者
2021 年 3 月

目 录

第1章 视频监控技术概述 ... 1
1.1 安防行业概述 ... 1
1.2 视频监控技术发展历程 ... 2
1.3 视频监控技术发展方向 ... 7
1.4 视频监控技术应用 ... 8
1.5 本章小结 ... 9

第2章 音视频采集及编码技术 ... 10
2.1 音频采集设备介绍 ... 10
2.2 视频采集设备介绍 ... 12
2.3 音视频基础知识 ... 24
2.4 音视频智能应用 ... 34
2.5 本章小结 ... 36

第3章 视频数据传输技术 ... 37
3.1 视频数据传输技术基础 ... 37
3.2 视频数据传输常见设备介绍 ... 45
3.3 数据通信基础知识 ... 48
3.4 视频数据接入技术 ... 58
3.5 数据通信技术 ... 60
3.6 本章小结 ... 70

第4章 视频数据存储技术 ... 71
4.1 存储技术基础 ... 71
4.2 磁盘阵列技术 ... 83
4.3 云存储技术 ... 89
4.4 视频监控中的存储应用 ... 92
4.5 本章小结 ... 95

第5章 视频解码与显示技术 ... 96
5.1 视频解码技术 ... 96

5.2 视频显示技术 97
5.3 本章小结 102

第6章 视频监控管理平台 103
6.1 视频监控管理平台概述 103
6.2 DVR 平台 104
6.3 NVR 平台 106
6.4 视频监控管理平台介绍 109
6.5 视频监控管理平台架构 111
6.6 视频监控管理平台常见业务 112
6.7 视频监控管理平台智能业务 115
6.8 视频监控系统集成 119
6.9 本章小结 120

第7章 视频监控系统设计原理 121
7.1 视频监控业务需求分析 121
7.2 视频监控系统架构设计 124
7.3 视频监控系统设计及选型 125
7.4 本章小结 142

第8章 视频监控工程规范 143
8.1 项目管理基础 143
8.2 弱电工程法规 149
8.3 工程规范原则 150
8.4 系统维护原则 158
8.5 本章小结 160

第9章 视频监控的行业应用 161
9.1 平安城市 161
9.2 智能楼宇 168
9.3 大型园区 173
9.4 广域跨域互联监控 176
9.5 本章小结 182

第 1 章 视频监控技术概述

人类接收的外界信息 70%左右来源于视觉刺激。视频图像技术在现代社会中有广阔的应用，如广播电视、机器视觉、视频通信、视频监控等，每种应用都会根据不同的需求衍生出不同的系统。

视频监控系统在传统意义上是安全防范系统的重要子系统，广泛应用在平安城市、智能楼宇、智能交通、环境监测、工业 4.0 等各个领域。随着计算机、数据通信、图像压缩、视频显示技术的飞速发展，视频监控技术呈现多元化、行业化的发展态势。

本章先对视频监控所在的安防行业进行介绍，然后根据时间回顾视频监控系统的发展历程，再结合目前业界主流厂商的技术及解决方案展望视频监控技术的发展方向。

1.1 安防行业概述

安防可以理解为安全防范的缩略词，所谓安全，是指没有危险、不受侵害、不出事故；所谓防范，是指防备、戒备。防备是指做好准备以应付攻击或避免受害，戒备是指防备和保护。

常见的安全防范手段有人防、物防、技防三种。人防和物防顾名思义就是通过人力和物力进行安全防范，如人员巡逻、人员站岗、安家防盗门、使用运钞车等防范措施，这是从传统的防范手段演进而来的，是安全防范的基础。技防则是通过现代科学技术进行安全防范，如视频监控、电子防盗报警等技术手段。技防的内容也随着技术的进步在不断更新，技术防范在安全防范中的地位和作用也越来越重要，给安全防范带来了一次革命。

安全防范的三个基本要素是：探测、延迟与反应。探测（Detection）是指感知显性和隐性风险事件的发生并报警，延迟（Delay）是指延长和推延风险事件发生的进程，反应（Response）是指组织力量为制止风险事件的发生所采取的快速行动。在安全防范的基本手段中，安全防范的最终目的都是要围绕探测、延迟、反应这三个安全防范基本要素开展工作和采取措施，以预防和阻止风险事件的发生。当然，这三个安全防范基本要素在实际实施防范的过程中，所起的作用也各有不同。

安全防范系统（Security & Protection System，SPS）在国内的定义是：以维护社会公共安全为目的，运用安全防范产品和其他相关产品所构成的入侵报警系统、视频安防监控系统、出入口控制系统、液晶拼接屏系统、门禁消防系统、防爆安全检查系统等，或者由这些系统的子系统组合或集成的电子系统或网络；而国外则更多的称其为损失预防与犯罪预防（Loss Prevention & Crime Prevention）。损失预防是安防行业的职责，犯罪预防是执法部门的职责。安全防范系统的全称为公共安全防范系统，通过保护人身及财产安全、信息与通信安全，达到预防损失与预防犯罪的目的。

通常说的安全防范主要是指技术防范，是通过采用安全技术防范产品和防护设施实现的安全防范。视频监控技术属于技术防范范畴，是探测的重要组成部分。

中国的安防行业是从20世纪80年代起步的，比西方经济发达国家大约晚了20年。改革开放以前，由于受经济发展的限制，中国的安防主要以人防为主，安防还只是一个概念，安防产品几乎空白。20世纪80年代初，安防行业在上海、北京、广州等经济发达城市和地区悄然兴起，尤其是在深圳，深圳依托本地先进的电子科技优势和得天独厚的地理位置，逐渐发展成为全国安防行业的重要基地。

中国安防行业的发展现在已基本成型，且颇具规模。进入21世纪后，安防行业又有了进一步的发展，智能建筑、智能小区建设异军突起，高科技电子产品、全数字网络产品的大量涌现，极大地促进了安防行业的蓬勃发展。中国正在发展成为世界上庞大的安防产品市场已是不争的事实，"世界工厂"的逐步形成使中国的安防行业成为国民经济的新增长点和新兴的朝阳产业。安防行业逐渐成为中国经济建设领域中的主力军。

随着国民经济的发展和经济全球化进程的加快，中国的安防行业在迅速发展；随着科技的不断进步，中国的安防行业在不断扩大。报警运营、中介、资讯等专业化服务开始起步；安防产品种类不断丰富，已发展为视频监控、出入口控制、入侵报警、防爆安检等十几个大类，包含数千个品种；视频监控技术发展迅猛，年增长率达到30%；沿海地区发展较快，形成了以珠江三角洲、长江三角洲、京津地区为中心的三大安防产业集群。

如今，安防行业的新产品及解决方案不仅限于实现安防的目的，还在制造、生活、娱乐等方面有了更多的延伸，摄像机、显示、数据存储设备也大量应用于工业4.0、无人机、物联网等各领域，安防行业呈现一片蓬勃发展的势头。

1.2 视频监控技术发展历程

视频监控技术经历了模拟视频监控、数字视频监控、网络视频监控，以及现在正在高速发展的智能网络视频监控4个阶段。

1.2.1 模拟视频监控

20 世纪 70 年代到 90 年代，视频监控技术主要以模拟视频监控系统（又称闭路电视监控系统）为代表。模拟视频监控系统的视频图像采集、传输、存储、显示设备全部为模拟形式，主要由模拟摄像机、视频矩阵、监视器、盒式录像机等设备构成。模拟视频监控系统使用专用的同轴线缆将模拟摄像机的视频信号传输到监视器上，通过键盘利用模拟矩阵进行图像切换和控制，录像采用磁带录像机，远距离图像的传输则采用光纤。第一代模拟视频监控系统如图 1-1 所示。

图 1-1　第一代模拟视频监控系统

受限于模拟信号的传播，所以模拟视频监控系统有诸多限制。首先，模拟信号的传输距离短，一般不超过 300 米，若要进行更远距离的传输，则需要有源设备进行信号放大或采用光端机。其次，模拟视频监控系统的摄像机规模与系统操作复杂程度成正比，且工程布线难度也极大。最后，由于早期盒式录像机存储空间有限，因此模拟信号的存储会耗费大量的存储介质，查询取证十分麻烦。

1.2.2 数字视频监控

随着计算机的普及，20 世纪 90 年代，传统的模拟视频监控系统中加入了许多数字元素，尤其是硬盘录像机 DVR（Digital Video Recorder）的出现，将模拟信号数字化，并将其存储在大容量的硬盘上，极大提高了系统的可用性。第二代数字视频监控/模数结合视频监控系统如图 1-2 所示。

图 1-2　第二代数字视频监控/模数结合视频监控系统

在这个时期，对视频监控系统更准确的说法应为模数结合的视频监控系统，以模拟视频矩阵为核心，结合 DVR 与视频编码器 EC（Encoder），更方便地远距离传输模拟信号，并且使得该监控系统能够统一权限管理，还兼顾了系统规模，可以充分共享视频资源，也方便摄像机的扩充。

相比第一代模拟视频监控系统，第二代数字视频监控/模数结合视频监控系统有如下 3 点要改进。

（1）存储时间更长，录像调取更方便。

（2）前端模拟信号通过视频编码器转成数字信号后，可以远距离传输。

（3）视频监控系统规模扩大，系统易用性提高。

1.2.3　网络视频监控

21 世纪初，基于 IP 的网络视频监控系统开始大规模应用。网络摄像机（IP Camera，IPC）的出现克服了数字视频监控的 DVR 与模拟摄像机相连时不能远距离传输的短板，能够通过局域网、广域网、无线网络传输视频数据，监控区域大大超过了前两代系统。

网络视频监控系统可以通过视频管理服务器，在网络中的任意一台计算机上观看、查询和管理视频信息，实现对整个监控系统的指挥、调度、授权等功能。并且视频管理服务器大多采用标准管理控制协议，如 SIP（Session Initiation Protocol，会话初始协议）、SNMP（Simple Network Management Protocol，简单网络管理协议）等，可以实现不同厂商设备的互联互通。视频管理服务器基于软件开发工具包 SDK（Software Development Kit）可与门禁、报警、地理信息系统 GIS（Geographic Information System）、消防系统进行对接，统一管理调度，大幅提高易用性。同时，网络视频监控系统采用了视频编码压缩技术、存储阵列技术，能够更多更久地保存高清晰度的视频数据，极大地促进了视频监控系统的应用。第三代网络视频监控系统如图 1-3 所示。

图 1-3　第三代网络视频监控系统

相比第二代数字视频监控系统，第三代网络视频监控系统有如下 5 点重要改进。

（1）视频图像清晰度提高，从 DVD 画质（约 40 万像素）提升至高清画质（约 90 万像素及以上）。

（2）视频图像经过压缩可以在 IP 网络上进行远距离传输，图像信息没有衰减。

（3）通过磁盘阵列技术可以大规模、长时间地存储视频数据，且容错机制保证了数据的可靠性。

（4）系统易用性大幅度提高，通过 IP 网络可以对远端设备进行管理维护，并且能够与其他系统互联。

（5）系统标准化、模块化。编解码、管理控制协议等都采用国际标准，使各个厂商的设备更容易互通。

1.2.4　智能网络视频监控

如今，随着视频监控系统的规模越来越大，仅靠人工来寻找有效视频信息的工作效率越来越低，依靠智能算法自动分析图像数据并进行处理的需求越来越多。智能网络视频监控系统能够自动识别不同物体，并根据管理员制定的策略，检测出画面中出现的异常情况，以预定的方式发出警报或提供有效信息，可以更加有效地协助安保人员处理危机。智能网络视频监控系统如图1-4所示。

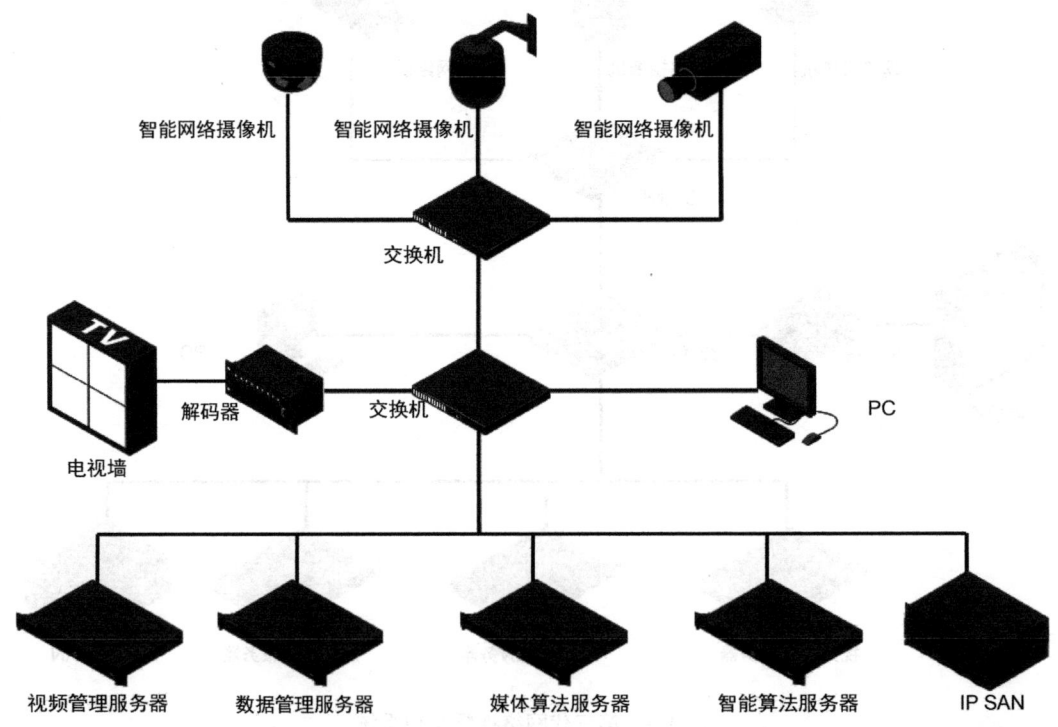

图1-4　智能网络视频监控系统

智能网络视频监控系统的核心技术为视频内容分析（Video Content Analysis，VCA）。视频内容分析能够把图像中的有效信息数据化，从而使计算机能够通过图像处理和分析来理解画面中的内容。

智能算法通常分为前端智能摄像机/编码器和后端智能算法服务器。一般而言，受限于前端智能摄像机/编码器的硬件配置，只在软件中嵌入了较为简单的智能算法，其准确率相对后端智能算法服务器而言要低，故前端智能摄像机/编码器应用于一些对准确率要求不高的简单场景。后端智能算法服务器通过高性能的计算机对前端采集的高清图像进行分析与处理，能够实现周界入侵检测、物品遗留、人脸识别、人数统计等业务，处理的效率与准确度均高于前端智能摄像机/编码器。

相比第三代网络视频监控系统，第四代智能网络视频监控系统有如下 5 点重要改进。

（1）视频图像清晰度持续提高，从 720P/1080P（约 90 万/200 万像素）画质提升至 300 万像素及以上。

（2）图像处理技术提升了视频图像压缩效率，使用更低的带宽能够传输更高清晰度的视频图像，同时节省了存储空间。

（3）利用智能算法可以实现视频图像数据化，并进行管理、整合、传输、应用、存储、集成等。

（4）多业务集成，通过开放的接口，视频管理服务器可以与其他安防系统对接，方便了安防系统的建设和应用。

（5）大数据技术应用为视频数据提取及挖掘提供了支撑。

1.3 视频监控技术发展方向

随着技术的进步，视频监控技术围绕"看、控、存、管、用" 5 个基本功能点在不断演进，目前在以下 6 个方面的发展速度较快。

1. 高清晰度与高压缩比

视频监控技术一定会不断地追求更低带宽传输和更高清晰度的视频图像。更高清晰度的视频图像可以提供更多的视频信息，今后 4K 分辨率甚至更高的分辨率将淘汰低分辨率，更好地压缩算法 H.265 或更新一代效率更高的视频编码算法，算法 H.264 将会被淘汰。

2. 网络接入手段丰富

由于网络技术不断进步，以及网络视频监控摄像机与视频存储相分离的特点，网络摄像机的接入方式将多种多样，如无线网络、4G、EPON（Ethernet Passive Optical Network，以太网无源光网络）等高性价比"最后一公里"的接入方式将实现视频监控技术的"无处不在"。

3. 海量存储，高性价比容错机制

大数据技术的应用必将导致存储空间的急剧扩容，视频数据 24 小时不间断写入的特

点又会导致磁盘寿命的缩减,所以未来视频监控系统中的存储部件必须具有存储容量大、扩容方便和高性价比容错机制的特点。

4. 智能应用普及

受限于智能算法的效率及硬件的成本,智能监控技术还只能在一些特定场景中使用,随着算法的成熟及硬件成本的降低,智能监控技术将无处不在,此时视频监控技术将不仅用于安防行业,还会与商业、制造业更紧密地结合起来,作为商业决策、生产制造的重要信息来源。

5. 标准化与开放性

任何一种技术的成熟都离不开标准化,视频监控技术也不例外。国际/国家公认的协议标准将覆盖整个生态链,开放式的视频管理平台,将实现不同厂家设备、不同应用系统的互联互通、统一管理和统一调度。

6. 行业化解决方案

不同行业有不同的需求,未来视频监控技术需要根据行业特点,在硬件、软件平台甚至系统架构上进行开发,不只满足安防监控的需要。视频监控技术目前在公安行业、金融行业已经有所体现,我们要结合智能算法,提出真正意义上的行业化解决方案。

1.4 视频监控技术应用

随着视频技术的发展,图像清晰度越来越高,视频技术应用已不仅限于安防领域。基于音频、视频实时传输的典型视频技术应用还有以下几种。

(1) 视频会议系统:包括软件视频会议系统和硬件视频会议系统,是指两个或两个以上不同地方的用户,通过现有的通信手段,将人物的静动态图像、语音、文字、图片等多种资料发送到各个用户的设备上,使在地理上分散的用户可以共聚一处,通过图像、声音等多种方式交流信息,增加双方对会议内容的理解能力。

(2) 远程医疗:使用远程通信技术、全息影像技术、新电子技术和计算机多媒体技术发挥大型医学中心医疗技术和设备优势,对医疗卫生条件较差及特殊环境提供远距离的医学信息和服务。远程医疗包括远程诊断、远程会诊及护理、远程教育、远程医疗信息服务等医学活动。

(3) 视频直播:是指利用互联网及流媒体技术进行直播,视频直播因融合了图像、文字、声音等丰富元素,声形并茂,所以逐渐成为互联网的主流表达方式。

（4）无人机：是指利用无线电遥控设备和自备的程序控制装置操作的不载人飞行器。20 世纪 90 年代以后，无人机采用先进的信号处理与通信技术提高了图像传递速度和数字化传输速度。无人机可以将实时图像通过网络传输到地面接收设备，也可以与平安城市相结合，打造立体安防体系。

1.5　本章小结

本章介绍了安全防范的基本概念、常见的三种安全防范手段及三个安全防范基本要素。按照时间顺序，可以将视频监控技术的发展分为四个阶段；依照技术发展，可以将视频监控系统分为四代，每一代系统相较上一代均有重大的改进，当今的视频监控系统正处于第三代系统的晚期及第四代系统的早期。视频监控技术的发展跟随网络、存储、智能、算法、协议的改进，形成了具有鲜明行业特征的解决方案，满足了人们多样化的需求。

第 2 章　音视频采集及编码技术

虽然在 2000 年左右我国的视频监控技术发展很快，但综合来看，我国的视频监控仍处于一个监控质量和应用都较低的水平，少有业主会关注图像质量、功能扩展及升级扩容。2010 年前后，随着网络视频监控系统的快速发展，720P、1080P、4K 等高清网络摄像机进入了人们的生活，图像质量较以前有了很大的提高。音视频采集是视频监控系统中最核心的组成部分，智能算法、图像分析等应用完全依赖高清的图像质量，如何避免常见的图像模糊、有效信息少、跳帧、马赛克等问题，是本章要掌握的重点内容。

2.1　音频采集设备介绍

音频采集是一个系统工程。音频采集相对简单，一般采用拾音器和传声器等设备进行采集。拾音器随摄像机安装在前端，传声器主要用在监控中心与前端拾音器进行语音对讲。

2.1.1　拾音器

在视频监控系统中，拾音器是音频采集系统最主要的设备。拾音器是用来采集现场环境声音，然后将其传送到后端设备的一个器件。拾音器是由咪头（传声器）和音频放大电路构成的。

拾音器一般分为数字拾音器和模拟拾音器，数字拾音器就是通过数字信号处理系统将模拟的音频信号转换成数字信号，并进行相应的数字信号处理的声音传感设备；模拟拾音器就是用一般的模拟电路放大传声器采集声音的声音传感设备。拾音器有三线制和四线制之分，三线制拾音器一般是红色代表电源正极，白色代表音频正极，黑色代表信号及电源的负极（公共地）；四线制拾音器一般是红色代表电源正极，白色代表音频正极，音频负极和电源负极分开。拾音器通常可分为有源和无源两种类型，按性能可分为有声乐吉他和监控用拾音器。拾音器如图 2-1 所示。

拾音器的安装位置有以下几种。

（1）天花板吸顶或吊顶安装。

（2）墙面侧挂安装。

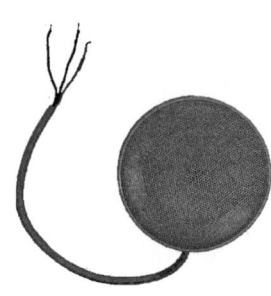

图 2-1　拾音器

(3) 桌面嵌入安装。

(4) 埋墙隐蔽安装。

注意：拾音器的安装位置尽量以谈话区域为中心。例如，审讯室中的拾音器可以安装在被审人附近；教室中的拾音器可以安装在讲台附近；小型会议室中的拾音器可以安装在天花板中央。

拾音器的安装原则：应尽量靠近主要的谈话区域，这样的拾音效果更佳。

拾音器连接电缆的选择及布线：拾音器可以使用普通 4 芯电话线、5 类网络双绞线、屏蔽/非屏蔽信号电缆等。考虑复杂的施工环境，推荐使用 $0.5mm^2$ 截面 3 芯信号电缆，即常用的 3×0.5mm RVVP 电缆。

拾音器供电一般分为以下两种。

（1）独立供电（推荐稳压电源），信号用 2×0.5mm RVVP 电缆传输。

（2）集中供电（在机房集中供电），信号用 3×0.5mm RVVP 电缆传输。

电磁复杂的环境可以使用屏蔽电缆，屏蔽电缆的屏蔽层一端连接设备地，即拾音器，另一端的屏蔽网悬空，设备端的屏蔽网接设备地（机壳）。

注意：布线时最好单独走线，不要同交流电等强电使用同一缆槽，同时尽量远离变压器、灯具整流器等强电磁干扰设备。

2.1.2 传声器

在视频监控系统中，传声器主要应用在监控中心或门岗处，用于与前端拾音器对话。传声器是将声音信号转换为电信号的能量转换器件，由"Microphone"这个英文单词而来，也称麦克风、话筒、微音器。20 世纪，传声器由最初通过电阻式转换声电发展为电感、电容式转换声电，大量新的传声器技术逐渐发展起来，其中包括铝带、动圈等传声器，以及当前广泛使用的电容传声器和驻极体传声器。传声器如图 2-2 所示。

图 2-2 传声器

传声器的规格中都会列出阻抗值（单位为欧姆）。根据最大功率传输定理（Maximum

Power Transfer Theorem），当负载阻抗和传声器阻抗匹配时，负载的功率将达到最大值。不过在大部分阻抗不匹配的情况下，依然能使用传声器，因此这项规格并未受到太大的重视。一般而言，传声器的阻抗值低于 600 欧姆为低阻抗；介于 600 欧姆至 10000 欧姆为中阻抗；高于 10000 欧姆为高阻抗。例如，Shure SM58 这支传声器的阻抗值为 300 欧姆。

3-pin XLR 接头可以产生平衡输出信号，可以有效消除外来的噪声干扰。三个引脚会标明 1、2、3 三个数字；在美国规格中，1 代表接地线，2 代表正相（Hot）信号，3 代表反相（Cold）信号；而在欧洲规格中，1 代表接地线，2 代表反相（Cold）信号，3 代表正相（Hot）信号。

2.2 视频采集设备介绍

视频监控系统中的视频采集设备主要是摄像机。从早期的模拟摄像机到现在的数字摄像机、网络摄像机，摄像机在形态、清晰度、功能等方面都有了很大的提升。由于应用摄像机的场合复杂多样，因此，如果不能根据监控场景正确选配摄像机及附件，那么将无法有效地进行视频监控。

2.2.1 摄像机类型

摄像机按照信号输出模式，可以分为模拟摄像机、数字摄像机、网络摄像机。

模拟摄像机前端采用隔行扫描传感器将光信号转换成模拟电信号，由 DSP 进行 A/D 转换与色彩处理后，再进行 D/A 转换，最后调制成 PAL/NTSC 制式电视标准视频信号输出。彩色模拟摄像机采集垂直分辨率，在 PAL 制式下为 625 线，去消隐后为 575 线，目前最高可达 540 线。模拟摄像机接监控录像设备，分辨率最高为 4CIF 或 D1，约 40 万像素。

数字摄像机采集视频信号后，将其转为数字信号输出，由于信号一般不经过压缩，所以清晰度很高，但同时需要很大的带宽，输出信号一般输入 DVR、视频矩阵、存储阵列等。

网络摄像机（IP Camera，IPC）是传统摄像机与网络视频技术相结合的新一代摄像机。网络摄像机传送来的视频信号数字化后由高效压缩芯片压缩，通过网络总线传送到 Web 服务器。网络用户可以直接用浏览器观看 Web 服务器上的网络摄像机图像，授权用户还可以控制网络摄像机云台镜头的动作或对系统配置进行操作。网络摄像机能更简单地实现监控，特别是远程监控。网络摄像机有更简单的施工和维护，更好地支持音频、报警联动,更灵活的录像存储,更丰富的产品型号,更高清的视频效果,更完美的监控管理的特点。另外,网络摄像机支持 Wi-Fi 接入、3G 接入、光纤接入和 POE 供电(网络供电)。

2.2.2 摄像机形态

摄像机产品型号众多,形态各异,目前市场上摄像机的形态主要分为 4 种:枪型、半球型、球型、筒型。

枪型摄像机是摄像机最开始的形态,默认不含镜头,能自由搭配各种型号的镜头。枪型摄像机的安装方式有吊装、壁装,在室外安装时一般要加配防护罩。枪型摄像机的应用范围更加广泛,根据选用的镜头,可以实现远距离监控或广角监控;应用的场合也比半球型摄像机广。枪型摄像机的变焦范围取决于选用的镜头,变焦范围可以从几倍到几十倍,而且镜头的更换比较容易。枪型摄像机如图 2-3 所示。

图 2-3 枪型摄像机

半球型摄像机,顾名思义就是形状是半球形的摄像机,半球型摄像机仅仅是针对外形命名的。由于半球型摄像机体积小巧、外形美观,因此比较适合办公场所,以及装修档次较好的场所。半球型摄像机内部由摄像机、自动光圈、手动变焦镜头、密封性能优异的球罩和精密的摄像机安装支架组成。半球型摄像机最大的特点是设计精巧、美观且易于安装。半球型摄像机如图 2-4 所示。

图 2-4 半球型摄像机

球型摄像机集彩色一体化机芯、云台、编码器、防护罩等多功能于一体,安装方便,使用简单,功能强大,广泛应用于开阔区域。球型摄像机如图 2-5 所示。

图 2-5　球型摄像机

筒型摄像机体积小、外形美观，在安装方面具有优势。筒型摄像机有镜头、护罩、红外补光灯、云台，性价比高，易于工程实施，广泛应用于各种场合。筒型摄像机如图 2-6 所示。

图 2-6　筒型摄像机

除以上 4 种常见的摄像机外，还有针孔摄像机（见图 2-7 左）、卡片摄像机（见图 2-7 中）、一体化云台摄像机（见图 2-7 右）等各种形态的摄像机，其他形态的摄像机在日常生活中也可以经常见到。

图 2-7　针孔摄像机、卡片摄像机、一体化云台摄像机

2.2.3　摄像机配件

日常生活中的监控设备仅有摄像机是不够的，尤其是仅有枪型摄像机，为了满足各种场合下监控的需要，摄像机还要与相关配件共同使用才能达到好的监控效果。常见的

摄像机相关配件有镜头、防护罩、支架、补光灯和云台。

1. 镜头

镜头是与摄像机配合最重要的配件之一，镜头的好坏决定了摄像机成像的清晰度，选配正确的镜头是关键。

镜头的分类有很多种，常见的有以下 5 种。

（1）固定光圈定焦镜头。

固定光圈定焦镜头是相对简单的一种镜头，该镜头上只有一个可手动调整的对焦调整环（环上标有若干距离参考值），可左右旋转该环调整成在 CCD 靶面上的图像的清晰度，当该图像最清晰时在监视器屏幕上得到的图像也最为清晰。

由于是固定光圈定焦镜头，因此镜头上没有光圈调整环，也就是说该镜头的光圈是不可调的，进入镜头的光通量是不能通过简单地改变镜头因素而改变的，只能通过改变被摄现场的光照度来调整，如增减被摄现场的照明灯光等。固定光圈定焦镜头一般应用在光照度比较均匀的场合，如室内全天以灯光照明为主的场合，通过电子快门的调整来模拟光通量的改变。

（2）手动光圈定焦镜头。

与固定光圈定焦镜头相比，手动光圈定焦镜头增加了光圈调整环，其光圈调整范围一般可从 F1.2 或 F1.4 到全关闭，能很方便地适应被摄现场的光照度，然而由于光圈的调整是人为地进行的，一旦摄像机安装完毕，位置固定下来，再频繁地调整光圈就不那么容易了。因此，手动光圈定焦镜头一般只应用在光照度比较均匀的场合，其他场合需要与带有自动电子快门功能的 CCD 摄像机合用，如在白天与夜晚、晴天与阴天等光照度变化比较大的场合，通过电子快门的调整来模拟光通量的改变。

（3）自动光圈定焦镜头。

自动光圈定焦镜头与手动光圈定焦镜头相比，在结构上有比较大的变化，它相当于在手动光圈定焦镜头的光圈调整环上增加一个由齿轮啮合传动的微型电动机，并从其驱动电路上引出 3 芯或 4 芯线传送给自动光圈定焦镜头，使镜头内的微型电动机做相应正向或反向转动，从而调节光圈的大小。自动光圈定焦镜头又分为视频驱动型与直流驱动型两种规格。

（4）手动变焦镜头。

顾名思义，手动变焦镜头的焦距是可变的，它有一个焦距调整环，可以在一定范围内调整镜头的焦距，其变焦倍数一般为 2～3 倍，焦距一般在 3.6～8mm。在实际工程应用中，手动调节镜头的变焦环，可以方便地选择监视现场的视场角，例如，选择对整个房间进行监视或对房间内某个局部区域进行监视。当对监视现场的环境情况了解不充分时，采用手动变焦镜头是非常重要的。

对于大多数视频监控系统工程来说，当摄像机安装位置固定下来后，再频繁地手动变焦是很不方便的，因此，在工程完工后，一般很少再去调整手动变焦镜头的焦距，镜头仅仅起到定焦镜头的作用。因而手动变焦镜头一般用在要求较为严格而用定焦镜头又不易满足要求的场合。手动变焦镜头广泛受到工程人员的青睐，因为在施工调试过程中使用这种镜头，通过一定范围的焦距调节，一般总可以找到一个让用户满意的观测范围（不用反复更换不同焦距的镜头），这点在露天施工场合中显得尤为方便。

（5）自动光圈电动变焦镜头。

自动光圈电动变焦镜头与前述的自动光圈定焦镜头相比增加了两个微型电动机，其中一个电动机与镜头的变焦环啮合，当其受控而转动时可改变镜头的焦距（Zoom）；另一个电动机与镜头的对焦环啮合，当其受控而转动时可完成镜头的对焦（Focus）。由于自动光圈电动变焦镜头增加了两个可遥控调整的功能，因此也称作电动两可变镜头。

自动光圈电动变焦镜头一般由两组多芯线引出，其中一组为自动光圈控制线，其原理和接法与前述的自动光圈定焦镜头的控制线完全相同；另一组为控制镜头变焦及对焦的控制线，一般与云台镜头控制器及解码器相连。当远程控制室内云台镜头控制器及解码器的变焦或对焦按钮时，将会在此变焦或对焦的控制线上施加一个或正或负的直流电压，该电压加在相应的微型电动机上，使镜头完成变焦及对焦调整功能。

在选择镜头时，需要根据监控目标的位置、距离、CCD规格，以及监控目标在监控器上的图像效果等因素综合考虑，以选择最合适焦距的镜头。例如，在监控室内目标时，选择的焦距不会太大，一般会选择短焦距的手动变焦镜头，如3.0~8.2mm、2.8~12.5mm等；道路监控要用焦距短一些的手动变焦镜头，如6~15mm；城市治安监控一般会用到焦距更长一些的电动变焦镜头，如6~60mm、8~80mm等；高速公路、铁路、河道等开阔场景监控一般要用到大变倍、长焦距的电动变焦镜头，如10~220mm、13~280mm等。镜头焦距类型示意图如图2-8所示。

镜头的焦距决定了视野的大小，焦距越大，监控距离越远，水平视角越小，监视范围越窄；焦距越小，监控距离越近，水平视角越大，监视范围越宽。成像场景的大小与成像物体显示的尺寸是互相矛盾的。例如，用同一个摄像机在同一个安装位置对走廊进行监视，选用短焦距镜头可以对整条走廊的全景进行监视，并看到出入口的人员进出情况，但不能看清10m左右距离的人员面貌特征；而选用长焦距镜头虽可以看清10m左右距离的人员面貌特征（人员占据了屏幕上的大部分面积），但不能监视到整条走廊的全貌。

图 2-8　镜头焦距类型示意图

(a) 6mm 镜头

(b) 12mm 镜头

图 2-9　不同焦距下镜头视角

摄取景物的镜头视场角是极为重要的参数，镜头视场角随镜头焦距及摄像机规格的大小而变化（其变化关系如前所述），覆盖景物镜头的焦距可用下述公式计算。

$$f = u \cdot D / U \qquad (2\text{-}1)$$

$$f = h \cdot D / H \qquad (2\text{-}2)$$

式中，f 表示镜头焦距；U 表示景物实际高度；H 表示景物实际宽度；D 表示镜头至景物实测距离；u 表示图像高度；h 表示图像宽度。

举例说明：当选用 1/2″ 镜头时，图像尺寸为 u=4.8mm，h=6.4mm。镜头至景物实测距离 D=3500mm，景物的实际高度为 U=2500mm。

将以上参数代入式 2-1 中，可得 f=4.8×3500/2500=6.72mm，故选用 6mm 的定焦镜头即可。

在选择镜头时，镜头靶面尺寸和摄像机传感器靶面尺寸需要对应，如图 2-10 所示。当镜头靶面尺寸与摄像机传感器靶面尺寸不一致时，应尽量选择比摄像机传感器靶面尺寸大的镜头，如 1/2.5 英寸的 CCD 摄像机，应选择 1/2 英寸镜头，不能选择 1/3 英寸镜头。

图 2-10 镜头靶面示意图

当镜头靶面尺寸比摄像机传感器靶面尺寸小，镜头无法覆盖传感器的所有面积时，则会在画面的四周出现黑边。

由于视频监控采用的摄像机绝大多数是日夜型摄像机，所以当白天光线充足时，摄像机将拍摄彩色图像；当夜晚光线不足时，摄像机将拍摄黑白图像，以达到更好的图像效果。由于白天的全光谱光线与夜晚的以红外光为主的光线的波长不同，因此摄像机很容易产生白天清晰，夜晚虚焦的情况。

日夜型镜头专门用来应对这种问题，尤其是当夜间有红外补光灯时。日夜型镜头采用添加了特殊元素的玻璃材料，提高了红外光波段的折射和聚焦率，使其更接近可见光的折射率水平，所以日夜型镜头可以做到白天和夜晚的共焦面，使监控画面全天候清晰。

安装镜头时要注意，镜头有 C 型和 CS 型两种，两者的螺纹均为 1 英寸 32 牙，直径均为 1 英寸，两者不同的是镜头距传感器靶面的间隔。C 型镜头安装座从基准面到核心的间隔为 17.562mm，比 CS 型镜头的间隔多一个专用接圈的长度，CS 型镜头安装座从基准面到核心的间隔为 12.5mm。假如没有 C 型转 CS 型转接环，则镜头与摄像头就不能正常聚焦，图像将变得模糊不清。大多数摄像机的镜头接口为 CS 型，因此将 C 型镜头安装到 CS 型接口的摄像机上时，须增配一个 5mm 厚的 CS/C 接口适配器（简称 CS/C 转接环），将 CS 型镜头安装到 CS 型接口的摄像机上时，就不需要接转接环。

在实际应用中，如果误对 CS 型镜头加装转接环后安装到 CS 型接口摄像机上，则会因为镜头的成像面不能落到摄像机的传感器靶面上而不能得到清晰的图像；如果对 C 型镜头不加转接环就直接接到 CS 型接口摄像机上，则可能使镜头的后镜面碰到摄像机传感器的靶面，从而造成摄像机的损坏，这点在使用时需要特别注意。

2．防护罩

为了保证摄像机、镜头工作的可靠性，延长其使用寿命，必须给摄像机装配具有多种特殊性保护措施的外罩，称为防护罩。除此之外，防护罩还可以尽量防止人为对摄像机和镜头的破坏。防护罩按照使用地点的不同可分为室内型防护罩和室外型防护罩。

（1）室内型防护罩。

室内型防护罩必须能够保护摄像机和镜头，使其免受灰尘、杂质和腐蚀性气体的污染，还要能够配合安装地点达到防破坏的目的。室内型防护罩一般由涂漆或经阳极氧化处理的铝材、涂漆钢材、黄铜或塑料制成，如果使用塑料，就应当使用耐火型或阻燃型塑料。室内型防护罩必须有足够的强度，安装界面必须牢固，视窗应该是清晰透明的安全玻璃或塑料（聚碳酸酯），电气连接口的设计位置应该便于安装和维护。

（2）室外型防护罩。

摄像机的工作温度一般为-20～60℃，而最适合摄像机工作的温度是 0～40℃，否则会影响图像质量，甚至损坏摄像机。因此室外型防护罩要适应各种气候条件，如风、雨、雪、霜、低温、曝晒、沙尘等气候条件。室外型防护罩会因使用地点的不同配置不同的辅助设备，如遮阳罩、内装/外装风扇、加热器/除霜器、雨刷器、清洗器等。

室外型防护罩的辅助设备有自动控制和手动控制两种，如加热器、除霜器、风扇都是由防护罩内部的温度传感器自动启动或关闭的，而雨刷器、清洗器等则是由控制人员通过对控制设备的操作来控制的。

室外型防护罩一般由铝材、带涂层的钢材、不锈钢或可以在室外环境中使用的塑料制成。室外型防护罩的制造材料必须能够耐受紫外线的照射，否则会很快出现裂纹、褪色、强度降低等老化现象。在需要防护罩耐用、具有高安全度、可抵抗人为破坏的环境中应该使用不锈钢防护罩,经过适当处理的铝防护罩也是一种性能优良的防护罩,处理铝护罩的方法有三种:聚氨酯烤漆、阳极氧化、阳极氧化加涂漆。在有腐蚀性气体的环境中不应该选择铝制或钢制的防护罩,在烟雾环境中应使用不锈钢或特殊塑料制成的防护罩。另外为增加防护罩的安全性能,防止被人为破坏,很多防护罩上装有防拆开关,一旦防护罩被打开将发出报警信号。

选择防护罩时常用 IP(Ingress Protection)防护等级系统来将防护罩的防尘、防水特性分级,IP 防护等级是由两个数字组成的,第一个数字表示防尘、防外物侵入的等级,第二个数字表示电器防水侵入的密闭程度,数字越大表示其防护等级越高。IP 后第一个数字(防尘等级)如表 2-1 所示,IP 后第二个数字(防水等级)表 2-2 所示。

表 2-1 IP 后第一个数字(防尘等级)

数字	防护范围	说明
5	防止外物及灰尘	完全防止外物侵入,虽不能完全防止灰尘侵入,但灰尘的侵入量不会影响电器的正常运作
6	防止外物及灰尘	完全防止外物及灰尘侵入

表 2-2 IP 后第二个数字(防水等级)

数字	防护范围	说明
5	防止喷射的水侵入	防止来自各个方向由喷嘴射出的水侵入电器而造成损坏
6	防止大浪时水的侵入	装设在甲板上的电器,可防止大浪时水的侵袭造成的损坏
7	防止浸水时水的侵入	电器浸在水中一定时间或水压在一定的标准以下,可确保不因浸水而造成损坏
8	防止沉没时水的侵入	可完全浸在水中的结构,实验条件由生产者及使用者决定

3. 支架

除摄像机镜头外,摄像机支架也是所有监控点位必须配置的设备,支架是用于固定摄像机的配件,根据应用环境的不同,支架的形状各异。

摄像机支架一般为小型支架,有注塑型及金属型两类,可直接固定摄像机,也可通过防护罩固定摄像机,摄像机支架一般具有万向调节功能,即通过对支架的调整,可以将摄像机的镜头准确地对向被摄现场。

选择摄像机支架时要重点了解其承重参数,尤其是安装在室内天花板上的嵌入式支架,需要了解吊顶是否能够承重,否则需要固定在天花板上。摄像机支架的安装类型如图 2-11 所示。

4. 补光灯

摄像机的点位需要 24h 不间断监控,室外由于时间的变化,白天与夜晚的光线强度相差很大,夜间补光的效果会直接影响图像成像的好坏。常见的补光灯有白光补光灯与红外补光灯两种类型。补光灯如图 2-12 所示。

图 2-11　摄像机支架的安装类型

图 2-12　补光灯

通过白光补光灯补光，摄像机拍摄的图像为彩色；通过红外补光灯补光，摄像机拍摄的图像为黑白色。

白光补光灯的光源有 LED 灯、金卤灯、荧光灯、高压钠灯、白炽灯、碘钨灯、氙气灯等。视频监控通常通过 LED 灯进行补光，LED 灯也称为发光二极管，它有运行稳定、发热量低、低能耗、使用寿命长的特点。LED 白光补光灯经常用在道路监控中，在完全无环境光照明的情况下，LED 白光补光灯可以帮助摄像系统拍摄到清晰的车牌图像。

红外补光灯产品一般分为有红暴产品和无红暴产品两类。

（1）有红暴产品通常使用波长为 850nm 的红外 LED 发射管，工作状态下会发出暗红色的光。

（2）无红暴产品通常使用波长为 940nm 的红外 LED 发射管，工作状态下红外灯表面没有任何光亮，因此更隐蔽。

补光灯的开关，一般通过光敏电阻进行控制，光敏电阻是利用半导体的光电效应制成的一种电阻值随着光线强弱而变化的电阻，用于控制补光灯的开关。随着星光级摄像机的普及，补光灯的应用，尤其是红外补光灯的应用在逐渐减少。

5. 云台

云台是承载摄像机进行水平和垂直两个方向转动的装置，可以扩大摄像机的监视角度和范围。云台的运行是由两台电动机实现的，电动机接收来自控制器的信号精确地运行定位。云台如图2-13所示。

图2-13 云台

云台有多种类型，按照转动方向可分为水平云台和全方位云台；按照安装环境可分为室内云台和室外云台，室内云台和室外云台的防水、防尘等级不一样。

云台最重要的功能是控制摄像机的姿态，这是通过电动机驱动机械装置实现的。水平云台内只安装了一个电动机，这个电动机负责水平方向的转动；全方位云台内装有两个电动机，这两个电动机一个负责水平方向的转动，另一个负责垂直方向的转动。除可以控制摄像机的姿态外，云台还可以传递用来控制光圈、聚焦、变倍、雨刷、加热、红外等功能的指令。

在对云台进行控制时，控制设备和云台中有3个参数必须保持一致：云台控制协议、硬件地址码、波特率。常用的云台控制协议有PELCO-P、PELCO-D、AD等，不同的云台控制协议互不兼容，所以要求控制设备和云台控制协议保持一致。硬件地址码用于标记唯一的云台，用户在控制云台时，云台设备通过硬件地址码识别该控制命令是否是发给自己的。波特率是控制设备和云台设备通信的串口速率，需要保持一致。

在管理控制设备上，大部分情况下采用专用的线缆和接口协议对云台进行控制，线缆多采用多芯屏蔽线，常见的接口协议有RS-485和RS-422。

在选择云台时，第一应考虑云台的载重量，是所有加在云台上的设备的重量总和，并预留20%的重量；第二考虑云台的转速和角度，应满足客户的需求；第三根据云台的安装环境选择室内或室外云台；第四根据摄像机所支持的云台控制协议，确定云台是否能够被控制；第五考虑供电、云台尺寸等是否满足现场安装需求。

2.2.4 摄像机特色功能

现在市场上的摄像机除能完成音视频采集工作外，还集成了部分易用性的特色功能，在一些特殊场景中，可以按需选用。

1. 走廊模式

在走廊、地铁隧道、站台等狭长区域场景的监控中，关键的监控点往往是以过道为中心的区域。对这些场景的监控，如果采用普通的高清摄像机，因其图像比例为16∶9，所以实际看到的监控范围会很宽，且包含大量的无用信息，有效的监控范围往往只占全画面的40%。此时如果采用9∶16走廊模式的摄像机，因其图像窄而长，所以可以大大提升有效监控范围。走廊模式案例如图2-14所示。

图 2-14　走廊模式案例

2．电源反送

因为安装摄像机的场景各种各样，所以不可避免地会在安装工程上遇到取电难的问题，大部分的摄像机可以通过POE（Power Over Ethernet）供电的方式解决此问题。但是在建筑中，配合摄像机使用的拾音器、报警器等周边设备由于成本低、功能简单，因此必须采用直流供电的方式。有的摄像机集成了电源反送功能，可以为周边设备提供直流低压电源，提高了周边设备的易用性。

3．区域增强

在机器视觉、图像处理中，根据被处理的图像以方框、圆、椭圆、不规则多边形等方式勾勒出需要处理的区域，称为感兴趣区域（Region of Interest，ROI）。区域增强功能是从图像中选择一个图像分析所关注的重点区域，并圈定该区域以便进行进一步处理。使用ROI圈定目标，可以减少处理时间，增加精度，提高在低带宽网络环境下重点区域的图像质量。

4．网络自适应

IP网络属于分组交换网络，所以不可避免会发生网络丢包，IP网络带宽对视频监控图像的清晰度有非常大的影响。常见的4MB码流1080P的UDP视频流，每秒会发送300～500个数据包，一旦出现网络丢包或延时，就很容易造成图像卡顿，严重时摄像机将无法起到监控作用，所以抗网络丢包功能也是摄像机的一个特色功能。业内最好的摄像机可以保证在 5%网络丢包的情况下无明显卡顿,在网络复杂的监控系统中能够发挥重要作用,这也是系统容错性能的重要指标。

5. 星光级低照度

在光照正常的环境下,星光级摄像机能够保持亮丽、正常的成像效果;当光线变暗,如昼夜转换时,星光级摄像机仍能保持彩色、流畅和清晰无拖尾的低照度成像。星光级摄像机的出现,彻底解决了夜间监控有光线昏暗、图像不清或在红外灯下图像黑白的问题。一般来说,主流厂商从配置高清镜头、采用低照度感光器件、优化 ISP 图像处理性能三方面入手,可以获取更高画质的低照度效果。星光级低照度摄像机通常以最低照度来衡量优劣,星光级低照度可以达到 0.001Lx(勒克斯)及以下。

6. 经纬度信息采集

平安城市或大型园区中管理的摄像机数以千计,往往需要借助 GIS(Geographic Information System,地理信息系统)对其进行管理,为了让用户的感受更直观,摄像机的经纬度信息记录会出现在视频管理平台上,对应的 GIS 会在地图上自动生成摄像机图标,图标表示该地点存在某个型号的摄像机,可以在地图上选择图标直接查看实况画面。因为经纬度信息采集通常采用人工手动添加的方式,所以往往存在经纬度信息不准确的问题,通过摄像机自带的经纬度信息采集模块,可以自动采集摄像机所在的经纬度,准确地在地图上标识。

7. 高压缩比算法

用最低的带宽传输最高质量的图像,这是视频领域永远追求的技术。同样的图像质量若能够使用更低的带宽实现,则节省了网络带宽和存储成本,具有极大的市场意义。从理论上讲新一代的压缩算法比上一代的效率高,但是同样的压缩算法,不同厂商实现的效果不同,也会导致同样的图像质量所需要的带宽不同。例如,浙江宇视科技的 U-Code 算法,经过测试,1080P 画质图像至少需要 4MB 码流,采用 H.265 协议编码后,码流可降至 2MB,但使用浙江宇视科技的 H.265 U-Code 算法编码,同样画质下的平均码流不超过 1MB。

2.3 音视频基础知识

音视频监控最重要的是能够清楚地监视、监听,一般情况下,摄像机的默认参数可以适应大多场合,但是在一些特殊场合,需要对摄像机的图像参数做些微调。与音视频图像相关的常见专业术语有采样、压缩、宽频语音、白平衡、锐度、饱和度等，专业术语代表什么含义，调整它对音视频监控有什么影响，是本小节要掌握的内容。

2.3.1 音频基础知识

通过空气传播的一种连续的波，叫声波。声音的强弱体现在声波压力的大小上，音调的高低体现在声音的频率上。当用电表示声音时，声音信号在时间和幅度上都是连续的模拟信号。声音的数字信号实际上就是采样和量化，连续时间的离散化通过采样实现。

奈奎斯特采样定理指出，采样频率不应低于声音信号最高频率的两倍，这样才能把用数字信号表达的声音还原成原来的声音。采样的过程就是抽取某点的频率值。显然，一秒内抽取的点越多，获取的频率信息就越丰富。为了复原波形，一次振动中，必须有2个点的采样，人耳能够感觉到的最高频率为20kHz，因此要满足人耳的听觉要求，需要至少每秒4万次的采样，用40kHz表示，这个40kHz就是采样频率。常见CD的采样频率为44.1kHz，电话语音的信号频率约为3.4kHz，采样频率为8kHz。常见音频录制时的采样频率和量化位数如表2-3所示。

表2-3 常见音频录制时的采样频率和量化位数

音频格式	声音录制格式	数字音频接口的输入/输出
DVD	杜比数字	杜比数字位信号
	线性PCM	线性PCM（48kHz 采样/16bit 或 24bit 等）
CD	线性PCM	线性PCM（44.1kHz 采样/16bit）

只有频率信息是不够的，还必须有记录声音的幅度。量化位数越高，表示幅度的等级数就越多。例如，每个声音样本用3bit表示，则测得的声音样本值是在0~8范围内。常见的CD为16bit的采样精度，即音量等级个数有2^{16}。样本位数的多少影响声音的质量，样本位数越多，声音的质量越高，需要的存储空间越多。

经过采样、量化得到的PCM数据就是数字音频信号，数字音频信号可直接在计算机中传输和存储，但是PCM数据的体积太过庞大，为了便于存储和传输，需要对其进行进一步压缩，于是就出现了各种压缩算法，将PCM转换为MP3、AAC、WMA等格式。在视频监控系统中，最常见的就是PCM和AAC格式。

未压缩音频是一种没经过任何压缩的简单音频，如PCM或WAV格式。所谓无损压缩格式，是指毫无损失地将声音信号进行压缩的音频格式。常见的MP3、WMA等格式都是有损压缩格式，相比作为源的WAV文件，它们都有相当大程度的信号丢失，这也是它们能达到10%压缩率的根本原因。而无损压缩格式，就好比用Zip或RAR等压缩软件去压缩音频信号，把得到的压缩文件还原成WAV文件，最后得到的文件和作为源的WAV文件是一模一样的。目前，常见的无损压缩格式有APE、FLAC、LPAC。无损压缩格式的不足就是占用空间大,压缩比不高。有损压缩格式就是在压缩过程中会舍弃一些细节,也就是压缩是不可逆的。有损压缩格式包括 AC3、DTS、AAC、MPEG-1/2/3 的音频部分。

在视频监控系统中,常见的音频编码格式有以下几种。

(1) PCM（Pulse Code Modulation）,即脉冲编码调制,指模拟音频信号只经过采样、模数转换直接形成的二进制序列,未经过任何编码和压缩处理。PCM 最大的优点就是音质好,最大的缺点是体积大。在计算机应用中,能够达到最高保真水平的就是 PCM。常见的 PCM 有 G.711U 和 G.711A。

(2) AAC（Advanced Audio Coding）,即高级音频编码,是一种由 MPEG-4 标准定义的有损压缩格式。AAC 被认为是 MP3 的继承者。其实,AAC 的技术早在 1997 年就成形了,当时被称为 MPEG-2 AAC,但是随着 2000 年 MPEG-4 音频标准的出台,MPEG-2 AAC 被用在这个标准中,同时追加了一些新的编码特性,所以它就改称为 MPEG-4 AAC。

与 MP3 不同,AAC 的技术掌握在多家厂商手中,这使得 AAC 编码器非常多,既有纯商业的编码器,又有完全免费的编码器。纯商业的编码器有 Fraunhofer IIS 的 FhG、杜比公司的 Dolby AAC；免费的编码器有 Free AAC、苹果公司的 iTune,Nero 也通过它的 Nero 6 提供了 Nero AAC。AAC 是一种高压缩比的音频压缩算法,它的压缩比可达 20:1,远远超过了 AC-3、MP3 等较老的音频压缩算法。一般认为,AAC 在 96kbps 码率的表现超过了 128kbps 码率的 MP3。AAC 还有一个引人注目的地方就是它的多声道特性,它支持 1~48 个全音域音轨和 15 个低频音轨。除此之外,AAC 最高支持 96kHz 的采样率,其解析能力足以和 DVD-Audio 的 PCM 相提并论,因此,AAC 得到了 DVD 论坛的支持,成为下一代 DVD 的标准音频编码。AAC 的比特率范围为 8~320kbps,可适应不同场合应用的需要。

2.3.2 视频基础知识

清晰的图像是视频监控系统的首要目标,图像效果除了与现场的环境、光线有关,摄像机、显示器本身的配置参数也会极大地影响图像效果。常见的编码协议、编码制式、宽动态、分辨率等都是选用视频监控设备时需要考虑的规格。

1. 分辨率

在视频监控系统中常见的分辨率有显示分辨率和图像分辨率,当显示分辨率大于或等于图像分辨率时,才能使系统达到最优的图像效果。

显示分辨率是显示器在显示图像时的分辨率,分辨率是用"点"来衡量的,显示器上的这个"点"就是像素（Pixel）。显示分辨率的数值是指整个显示器所有可视面积上水平像素和垂直像素的数量。例如，1920 像素×1080 像素的分辨率，是指在整个显示器上水平显示 1920 个像素，垂直显示 1080 个像素，合起来有 2073600 个像素。

图像分辨率是指图像中存储的信息量、像素密度的度量方法。对同样大小的一幅图像，组成该图像的像素数目越多，图像分辨率越高，图像信息量越大，图像越逼真。图像分辨率如表 2-4 所示。

表 2-4 图像分辨率

序　号	分　辨　率	像　素	比　例
1	CIF	352 像素×288 像素	11∶9
2	VGA	640 像素×480 像素	4∶3
3	PAL/4CIF	768 像素×576 像素	4∶3
4	SVGA	800 像素×600 像素	4∶3
5	XGA	1024 像素×768 像素	4∶3
6	720	1280 像素×720 像素	16∶9
7	SXGA	1280 像素×1024 像素	25∶16
8	WSUVGA+（WSUGA/HDTV/1080）	1920 像素×1080 像素	16∶9
9	2K	2048 像素×1080 像素	16∶9
10	UWXGA	2560 像素×1600 像素	16∶10
11	4K	4196 像素×2160 像素	16∶9

2．逐行扫描与隔行扫描

显示器有逐行扫描和隔行扫描两种扫描方式。

逐行扫描与隔行扫描相比，它是一种先进的扫描方式，是指当显示器进行图像扫描时，从屏幕左上角的第一行开始逐行扫描，整个图像扫描一次完成，因此图像显示画面闪烁小，显示效果好。先进的显示器大多采用逐行扫描的扫描方式。

由于视觉暂留效应，人眼将会看到平滑的运动，而不是闪动的半帧、半帧的图像，但是隔行扫描会造成两幅图像显示的时间间隔比较大，图像画面闪烁较大，通常用在早期的显示产品中。在两场扫描中，第一场（奇数场）只扫描奇数行，即依次扫描 1、3、5……行，第二场（偶数场）只扫描偶数行，即依次扫描 2、4、6……行。隔行扫描方式在传送信号带宽不够的情况下起了很大的作用。

逐行扫描方式和隔行扫描方式的显示效果主要区别在稳定性上，隔行扫描方式的行间闪烁比较明显，逐行扫描方式则克服了隔行扫描方式的缺点，使画面平滑自然无闪烁。在电视的标准显示模式中，I 表示隔行扫描方式，P 表示逐行扫描方式。

3．帧率与码流

帧率（Frame Rate）用于测量显示帧数，单位为帧/秒（Frames Per Second，FPS）或

赫兹（Hz）。

由于人类眼睛的特殊生理结构，当人眼所看画面的帧率高于 24Hz 的时候，人就认为画面是连贯的，此现象被称为视觉暂留。FPS 值越高，视频动作画面就会越流畅，所需要的码流就越大。

码流（Data Rate）是指视频文件在单位时间内使用的数据流量，也叫码率，是视频编码画面质量控制中最重要的部分。在同样的分辨率及帧率下，视频文件的码流越大，压缩比就越小，画面质量就越高。

4. 视频编码协议

视频编码协议决定了在同等带宽条件下传输图像的质量，或者相同图像质量所需要的带宽大小。一般而言，新的初步编解码协议标准比旧的初步编解码协议标准在算法上有所改进，传输效率会更高，但是对运行新协议的硬件要求也相对要高。在视频监控系统中，视频编码协议有 MPEG-2、MPEG-4、H.263、H.264、H.265，目前 H.265 是市场上最流行的视频编码协议。

MPEG（Moving Picture Experts Group，动态图像专家组）是 ISO（International Standardization Organization，国际标准化组织）与 IEC（International Electrotechnical Commission，国际电工委员会）于 1988 年成立的专门针对动态图像和语音压缩的国际标准组织。MPEG 标准主要有以下 5 个，MPEG-1、MPEG-2、MPEG-4、MPEG-7 及 MPEG-21。MPEG 成立于 1988 年，专门负责为 CD 建立视频和音频标准，其成员都是视频、音频及系统领域的技术专家，该专家组成功将声音和影像的记录脱离了传统的模拟方式，建立了 ISO/IEC 11172 压缩编码标准，并制定出 MPEG-格式，令音视频进入了数码化时代。大家现在泛指的 MPEG-X 版本，就是由 ISO 制定且发布的视频、音频、数据的压缩标准。

在视频监控系统中常见的是 MPEG-2、MPEG-4 两种标准。

MPEG-2 制定于 1994 年，其设计目标是设计出高级工业标准的图像质量。

MPEG-2 能提供的传输率为 3～10Mbits/sec，其在 NTSC 制式下的分辨率可达 720 像素×486 像素，MPEG-2 也能提供广播级的视频图像和 CD 级的音质。MPEG-2 的音频编码可提供左、中、右及两个环绕声道，以及一个加重低音声道和 7 个伴音声道（DVD 可有 8 种语言配音的原因）。MPEG-2 在设计时的巧妙处理，使得大多数 MPEG-2 编码器也可播放 MPEG-1 格式的数据，如 VCD。

同时，由于 MPEG-2 的出色性能表现，已能适用于 HDTV，使得原打算为 HDTV 设计的 MPEG-3，还没出世就被抛弃了（MPEG-3 要求传输速率为 20～40Mbits/sec，但这个范围将使画面有轻度扭曲)。除作为 DVD 的指定标准外,MPEG-2 还可为广播、有线电视网、电缆网络,以及卫星直播(Direct Broadcast Satellite)提供广播级的数字音视频。

MPEG-2 还有一个特点是可提供一个较广的范围改变压缩比,以适应不同画面质量、存储容量,以及带宽的要求。

由于现存电视机分辨率的限制,因此 MPEG-2 所带来的高清画面质量(如 DVD 画面)在电视上的效果并不明显,但其音频特性(如加重低音、多伴音声道等)更引人注目。

MPEG-4 主要应用在视频电话(Video Phone)、电子新闻(Electronic News)中,其传输速率要求较低,为 4800~64000bits/sec,分辨率为 176 像素×144 像素。

IP-3400 MPEG-4 网络摄像机利用很窄的带宽,通过帧重建技术,压缩和传输数据,以求以最少的数据获得最佳的图像质量。

H.264 是 ISO 和 ITU 共同提出的,继 MPEG-4 之后的新一代数字视频压缩格式,也是目前视频监控系统中主要采用的视频编码协议。

H.264 具有以下几种优点。

(1)低码率(Low Bit Rate)。和 MPEG-2 和 MPEG-4 ASP 等压缩技术相比,在同等图像质量下,采用 H.264 技术压缩后的数据量只有 MPEG-2 的 1/8 和 MPEG-4 的 1/3。

(2)高质量的图像。H.264 能提供连续、流畅的高质量图像(DVD 质量)。

(3)容错能力强。H.264 提供了能解决在不稳定网络环境下容易发生网络丢包等错误的必要工具。

(4)网络适应性强。H.264 提供了网络抽象层(Network Abstraction Layer),使得文件能轻松地在不同网络上传输(如互联网、CDMA、GPRS、WCDMA、CDMA2000 等)。

H.264 最大的优势是具有很高的数据压缩比,在同等图像质量的条件下,H.264 的数据压缩比是 MPEG-2 的 2 倍以上,是 MPEG-4 的 1.5~2 倍。例如,原始文件的大小如果为 88GB,那么采用 MPEG-2 压缩后将变成 3.5GB,压缩比为 25:1;而采用 H.264 压缩后将变为 879MB,压缩比达到惊人的 102:1。低码率对 H.264 的高压缩比起到了重要的作用,与 MPEG-2 和 MPEG-4 ASP 等压缩技术相比,H.264 的压缩技术将大大节省用户的下载时间和数据流量。值得一提的是,H.264 压缩后的数据在具有高压缩比的同时,还拥有高质量、流畅的图像,正因为如此,经过 H.264 压缩的视频数据,在网络传输过程中所需要的带宽更少,也更加经济。

H.265 是 ITU-T VCEG 继 H.264 之后制定的新的视频编码标准。H.265 围绕现有的视频编码标准 H.264，保留了原来的某些技术，同时对一些相关的技术加以改进。H.265 使用先进的技术用以改善码流、编码质量、延时和算法复杂度之间的关系，以达到最优化设置。H.265 具体的研究内容包括：提高压缩效率、提高稳健性和错误恢复能力、减少实时的时延、减少信道获取时间和随机接入时延、降低复杂度等。H.264 由于算法优化，可以以低于 1Mbps 的速度实现标清数字图像传送；H.265 则可以实现利用 1～2Mbps 的传输速度传送 720P（分辨率 1280 像素×720 像素）的普通高清音视频。H.265/HEVC 的编码架构大致上和 H.264/AVC 的架构相似。在相同的图像质量下，与 H.264 相比，通过 H.265 编码的视频大小将减小 39%～44%，在码率减少 51%～74%的情况下，通过 H.265 编码的视频质量还能与通过 H.264 编码视频的质量近似甚至更好，本质上是因为 H.265 的信噪比比预期的要好。

视频编码协议如图 2-15 所示，可以清楚看出各种视频编码协议在不同带宽下能达到的图像质量，还可以看出目前 H.265 在同等带宽下图像质量最好，在同等图像质量下所需要的带宽最少。

图 2-15　视频编码协议

5．I 帧、P 帧与 GOP

在视频压缩中，每帧代表一幅静止的图像，而在实际压缩时，则会采取各种算法减少数据的容量，其中 I 帧与 P 帧就是最常见的。

简单地说，I 帧是关键帧，属于帧内压缩，和 AVI 的压缩是一样的。P 是向前搜索的意思，P 帧基于 I 帧来压缩数据。你可以理解为 I 帧画面是完整保留的，解码时只需要本帧数据就可以完成解码（因为包含完整画面）。P 帧表示这一帧与之前的一个关键帧（或 P 帧）的差别，解码时需要用之前缓存的画面叠加本帧定义的差别，生成最终画面（P 帧没有完整画面数据，只有与前一帧的画面差别数据，也就是差别帧）。

GOP（Group of Pictures，策略影响编码质量）。所谓 GOP，是指画面组，一个 GOP 就是一组连续的画面。GOP 画面组的长度，一般可按编码方式从 1～15 编码，在理论上记录为 N，即多少帧里面出现一次 I 帧。在视频监控系统中，当画面出现"呼吸效应"时，往往会通过调整 GOP 减少 I 帧频率来缓解该现象。所谓"呼吸效应"，是指两帧的清晰度差别较大，出现清晰—模糊交替变换的情况。

6. 曝光

曝光是指被摄物体发出或反射的光线，通过照相机镜头投射到感光片上，使之发生化学或物理变化，产生显影的过程。

曝光就是光圈和快门的组合。光圈（值）大小就是"小圆窗户"开多大，快门速度就是"小圆窗户"开多久。假设"小圆窗户"只打开 1/4，那么时间为 4s 底片就可以正确曝光，很显然，"小圆窗户"打开一半，时间为 2s 也能让底片正确曝光，因为 $1/4 \times 4 = 1/2 \times 2 = 1$，进光量是一样多的。同样的，如果"小圆窗户"全开，那么曝光时间就只需要 1s。如果一个镜头光圈全开为 F4，用摄影行话来说，光圈 F4、快门速度 1s 为正确曝光值，那么光圈 F5.6、快门速度 2s 及光圈 F8、快门速度 4s 也能得到正确曝光的图片。重要结论：一张正确曝光的图片可以有 n 种不同的光圈大小和快门速度组合。

7. 快门

快门是摄像机用来控制感光片有效曝光时间的部件，快门使用原理与照相机使用原理类似。一般来说，快门速度的时间范围越大越好，快门秒数低时适合拍运动中的物体，快门速度最快能到 1/16000s，可轻松抓住急速移动的物体。不过当你要拍的是夜晚的车水马龙时，快门时间就要拉长，因为在夜间快门速度慢时进光量大，图像明亮。快门速度的不同会反映出画面的不同动感。

8. 曝光补偿

曝光补偿是一种曝光控制方式，一般常见为±（2～3）EV，如果环境光源偏暗，那么就可增加曝光值（如调整曝光值为+1EV、+2EV）以凸显画面的清晰度。曝光补偿就是有意识地变更摄像机自动演算出的"合适"曝光参数，让图像更明亮或更昏暗的方法。一般来说，摄像机会变更光圈值或快门速度来调节曝光值。在环境亮的情况下，测光有偏低的状况，需要增加曝光补偿，反之则减少。

9. 宽动态

宽动态是在非常强烈的对比下让摄像机看到影像特色的一种技术。当在强光源（日光、灯具或反光等）照射下的高亮度区域及阴影、逆光等相对亮度较低的区域在图像中同时存在时，摄像机输出的图像会出现高明亮区域因曝光过度成为白色，而相对亮度较低的区域因曝光不足成为黑色的情况，这种情况严重影响图像质量。摄像机在同一场景中对最亮区域及较暗区域的表现是存在局限的，这种局限就是常讲的"动态范围"。宽动态范围是图像能分辨最亮的亮度信号值与能分辨最暗的亮光信号值的比值，宽动态范围的表现方式以倍数或 dB 来表示。宽动态原理是同一时间曝光两次（一次快，一次慢），再进行合成，以实现同时看清画面上亮与暗的物体。通常在监控系统中走廊尽头有窗的地方、写字楼大堂对着门的地方等均是需要宽动态摄像机的场景。

10．景深

景深是指在摄影机镜头或其他成像器前沿能够取得清晰图像的成像所测定的被摄物体前后距离范围。聚焦完成后，在焦点前后的范围内都能形成清晰的像，这一前一后的距离范围，就叫景深。镜头前方（调焦点的前后）有一段有一定长度的空间，当被摄物体位于这段空间时，被摄物体在底片上的成像恰好位于焦点前后两个弥散圆之间，被摄物体在这段空间的长度，就叫景深。换言之，在这段空间的被摄物体，其呈现在底片面的影像模糊度，都在弥散圆的容许限定范围内，这段空间的长度就是景深。

当摄像机的镜头对着某个物体聚焦清晰时，镜头中心所对的位置、垂直镜头轴线的同平面的点都可以在传感器上有相当清晰的图像，在这个平面沿着镜头轴线的前面和后面一定范围的点也可以结成眼睛可以接受的较清晰的像点，把这个平面前面和后面所有景物的距离叫作相机的景深。当光轴平行的光线射入凸透镜时，理想的镜头应该是所有的光线聚集在一点后，再以锥状扩散开来，这个聚集所有光线的一点，就叫作焦点。在焦点前后，光线开始聚集和扩散，点的影像变得模糊，形成一个扩大的圆，这个圆就叫作弥散圆。

光圈、镜头及被摄物体的距离是影响景深的重要因素。

（1）光圈越大（光圈值 f 越小），景深越浅；光圈越小（光圈值 f 越大），景深越深。

（2）镜头焦距越长，景深越浅；镜头焦距越短，景深越深。

（3）主体越近，景深越浅；主体越远，景深越深。

11．锐度

锐度有时也叫清晰度，是反映图像平面清晰度和图像边缘锐利程度的一个指标。如果将锐度调高，那么图像平面上的细节对比度也会变高，看起来会更清楚。例如，在高锐度的情况下，不但画面上人脸的皱纹、斑点会更清楚，而且脸部肌肉的鼓起或凹下也可表现得栩栩如生。垂直方向的深色或黑色线条，或者在黑白图像突变的地方在较高锐度的情况下，线条或黑白图像突变的交接处，画面边缘会更加锐利，整体画面显得更加清楚。因此，提高锐度实际上也就是提高了清晰度，这是人们需要的而且也是好的一面。

但锐度并不是调得越高越好，如果将锐度调得过高，则会在黑线两边出现白色线条的镶边，图像看起来失真而且刺眼。如果这种情况出现在块面图像上，图像就会严重失真，不堪入目。例如，如果锐度调得很高的情况出现在并不大的人脸图像上，那么就会不仅在人脸的边缘出现白色镶边，还会在发际、眉毛、眼眶、鼻子、嘴唇这些黑色和阴影部位边上出现白色镶边。可见，高锐度虽然提高了清晰度，但过高的锐度会使图像走样，这同样不是一件好事。所以，为了获得相对清晰而又真实的图像，锐度应当调得合适。

12．对比度

对比度指的是一幅图像中明暗区域之间不同亮度层级的测量。差异范围越大代表对比度越大，差异范围越小则代表对比度越小，好的摄像机在对比度120∶1时就可以容易地显示生动、丰富的色彩，当对比度高达300∶1时，便可支持各阶的颜色。但对比度面临和亮度相同的困境，现今尚无一套有效又公正的标准来衡量对比度，最好的辨识对比度的方式还是依靠使用者的眼睛。

在暗室中，白色画面（最亮时）下的亮度除以黑色画面（最暗时）下的亮度就是对比度。更精准地说，对比度就是把白色信号在100%和0%的饱和度相减，再除以用Lx（勒克斯）为计量单位下0%的白色值（0%的白色信号值实际上就是黑色）所得到的数值，即对比度是最白与最黑亮度单位相除的值。因此白色越亮、黑色越暗，对比度就越高。严格来讲对比度是屏幕上同一点最亮时（白色）与最暗时（黑色）亮度的比值，不过通常产品的对比度指标是就整个屏幕而言的，如一个屏幕在全白屏状态时亮度为500cd/m^2，在全黑屏状态时亮度为0.5cd/m^2，此屏幕的对比度就是1000∶1。

13．饱和度

饱和度是彩度除以明度，与彩度同样表征彩色偏离同亮度灰色的程度。注意：饱和度与彩度完全不是同一个概念，但因为饱和度和彩度决定的是出现在人眼中的同一个效果，所以才会出现视彩度与饱和度为同一个概念的情况。

饱和度指色彩的纯洁性，也叫纯度，是色彩三属性之一，是HSV色彩属性模式，孟塞尔颜色系统中描述的色彩变量。各种单色光是最饱和的色彩，物体的色彩饱和度与物体表面反色光谱的选择性程度有关，越窄波段的光发射率越高，也就越饱和。对人的视觉而言，每种色彩的饱和度可分为20个可分辨等级，从广义上说，黑、白、灰是色彩饱和度等于0的颜色。

14．白平衡

白平衡，字面上的理解是白色的平衡。白平衡是描述屏幕中红、绿、蓝三基色混合生成后白色精确度的一项指标。白平衡是电视摄像领域中一个非常重要的概念，通过它可以解决色彩还原和色调处理的一系列问题。白平衡是随着电子影像再现色彩真实而产生的，在专业摄像领域应用较早，现在在家用电子产品（家用摄像机、数码照相机）中也被广泛使用。技术的发展使调整白平衡变得越来越容易，但许多使用者还不甚了解白平衡的工作原理，在理解上还存在诸多误区。白平衡是实现摄像机图像能精确反映被摄物体的色彩状况的一个参数，摄像机有手动白平衡和自动白平衡等方式。许多人在使用数码摄像机拍摄物体时都会遇到这样的问题：在日光灯的光下拍摄的图像会发绿，在钨丝灯的光下拍摄的图像会偏黄，而在日光阴影处拍摄的图像则会偏蓝，出现这些情况的原因是白平衡设置不准确。

2.4 音视频智能应用

随着视频监控系统中音视频的质量越来越高、数据量越来越大，单纯使用人力去管理所有监控点位，实时发现监控异常，已经逐渐成为视频监控系统的瓶颈。音视频智能应用的出现，缓解了视频监控系统中的人力压力，能够最大限度地减轻人力压力及人力注意力不足的问题。音视频智能应用能在突发事件来临的第一时间发出提醒或警告，让视频监控系统的使用者能够注意到。

2.4.1 音频智能应用

在一般环境中，声音往往是突发情况出现的先兆，所以在视频监控系统中，采集音频的同时可以对音频进行监测，以便有异常时可以及时发现。

常见的有音频作为报警或监视的触发器，用户可以自行设置音频阈值，一旦声音超过阈值范围，触发器就会立刻发送异常信号，可以将监控摄像机引向声源处，也可以触发报警，也可以对音频进行存储等。

2.4.2 视频智能应用

视频智能应用是计算机图像视觉技术在安防行业的一个分支，主要针对目标行为。视频采集端的智能算法首先将场景中的背景和目标分离，识别出真正的目标，去除背景干扰（如光线变化、风吹草动），进而分析并追踪在摄像机场景中出现的目标行为，通过将场景中背景和目标分离，分析并追踪在摄像机场景中出现的目标。用户可以根据视频内容分析功能，在不同摄像机的场景中预设不同的规则，一旦目标在场景中出现了违反预定义规则的行为，系统就会自动发出指令，联动用户预定的动作进行反应并采取相关措施。目前，视频智能应用分析技术被广泛应用在公共安全相关系统、建筑智能化、智能交通等领域。

早期的智能视频应用多数是基于后端服务器的方式，这种方式对后端服务器资源占用较高，不便于大规模分布式部署。目前，市场上常见的是 IPC 自带智能算法，通过 DSP（Digital Signal Processor，数字信号处理）芯片计算实现智能，极大减轻了大型系统的存储成本和网络带宽的开销。

常见的视频智能应用有以下几种。

（1）区域入侵检测。

（2）人脸识别。

（3）物品遗留检测。

（4）人数统计。

（5）徘徊检测。

（6）物品丢失检测。

（7）摄像机遮挡检测。

（8）打架斗殴检测。

（9）自动跟踪。

（10）人群密度检测。

（11）车牌识别。

（12）车辆逆行、压线违章识别。

（13）车辆闯红灯检测。

（14）车辆类型识别。

（15）车辆违章停车抓拍。

（16）车道流量统计。

安防行业一般将智能算法分为两类：一类为泛智能，另一类为专业智能。泛智能对智能算法的精度要求较低，还存在误检率、漏检率较高的问题，不适合大规模应用；专业智能相对而言，对硬件性能要求较高，算法精度也较高，可以实现大规模应用。

2.5　本章小结

在视频监控系统中，音视频采集是非常重要的环节，只有高清晰的图像效果，才能为之后的业务应用打下良好的基础。本章从音视频采集设备入手，首先介绍了市场上主流摄像机的类型、形态、相关配件，以及摄像机的易用性特色功能；其次简要说明了音视频相关的基础知识，明确了相关专有名词的概念；最后介绍了视频监控系统中典型的音视频智能应用。

第 3 章 视频数据传输技术

视频监控系统是一个音视频信息采集系统，需要把分散在不同地点的音视频等信息集中起来进行分析和处理。早期模拟视频监控系统采用视频基带传输技术，基带频率约为 8MHz 带宽，最常用的传输介质是同轴电缆（SYV-75Ω）。当距离较远时，需要通过视频放大器增强视频的亮度、色度和同步信号，但线路中的干扰信号也会被放大，所以不能串接太多视频信号放大器，否则图像会失真。当距离更远时，应采用光纤传输方式，光纤传输方式具有衰减小、频带宽、不受电磁干扰、质量轻等一系列优点。各种异构设备组成的系统，管理复杂、维护难度大。数字编解码技术的出现，通过 IP 网络传输音视频信息及管理信令的数字信号，无论多远的距离都能无衰减，开创了远距离、大规模视频监控系统的新时代。

本章主要介绍视频监控系统中常见的接口和线缆，重点介绍目前市场上主流的 IP 网络基础知识，以及常见的视频监控数据传输技术。

3.1 视频数据传输技术基础

视频监控系统必须通过传输系统来传递信息，传输对象有 5 种，分别是视频信息、音频信息、图片信息、数据信息和控制信令。其中视频信息是视频监控系统中占比最高、传输方式最多的数据。

3.1.1 常见视频接口与线缆

BNC（Bayonet Nut Connector）接口：用于 75Ω 同轴电缆连接，提供收（RX）、发（TX）两个通道；还用于非平衡信号的连接，在视频监控系统中 BNC 接口多用于摄像机、编码器、DVR、解码器等设备。压接式 BNC 接口如图 3-1 所示。

图 3-1　压接式 BNC 接口

RCA（Radio Corporation of American）接口：俗称莲花插座，又叫 AV 端子，也称 AV 接口，它并不是专门为哪一种接口设计的，它既可以用在视频数据传输中，又可以用在音频数据传输中，还是分量（YCrCb）的插座。RCA 接口通常都是黄色的视频接口和成对的音频接口。RCA 端子采用同轴传输信号的方式，中轴用来传输信号，外沿一圈的接触层用来接地，可以应用的场合包括模拟视频、模拟音频、数字音频与色差分量传输等。RCA 接口在视频监控系统中多用于编码器、DVR 等设备。RCA 接口如图 3-2 所示。

图 3-2　RCA 接口

VGA（Video Graphics Array）接口：共有 15 针，分成 3 排，每排 5 个孔，是显卡上应用广泛的接口之一，绝大多数显卡都带有 VGA 接口。VGA 接口传输红、绿、蓝模拟信号及同步信号（水平和垂直信号）。VGA 接口在视频监控系统中多用于解码器、DVR、NVR 等设备。VGA 接口如图 3-3 所示。

图 3-3　VGA 接口

DVI（Digital Visual Interface）接口：基于 TMDS（Transition Minimized Differential Signaling）转换最小差分信号技术来传输数字信号。TMDS 运用先进的编码算法把 8bit 数据（R、G、B 中的每路基色信号）通过最小转换编码为 10bit 数据（包含行场同步信息、时钟信息、数据 DE、纠错等），经过 DC 平衡后，采用差分信号传输数据。DVI 接口和 LVDS、TTL 相比有较好的电磁兼容性能，可以用低成本的专用电缆实现长距离、高质量的数字信号传输。DVI 接口是一种国际开放的接口标准，有 DVI-A（12+5 针）、DVI-D（24+1 针）和 DVI-I（24+5 针）3 种不同的接口形式，DVI-D 只有数字接口，DVI-I 有数字接口和模拟接口。DVI 接口在 PC、DVD、HDTV、高清投影仪等设备上都有广泛的应用,在视频监控系统中多用于解码器、DVR、NVR 等设备。DVI 接口如图 3-4 所示。

(a) DVI-I

(b) DVI-D

图 3-4 DVI 接口

HDMI（High Definition Multimedia Interface）接口：是一种数字化音视频接口,是适合影像传输的专用型数字化接口,可同时传送音频和影像信号,最高数据传输速度为 18Gbps（2.0 版）。HDMI 接口可搭配宽带数字内容保护（HDCP）,以防止具有著作权的影音内容遭到未经授权的复制。HDMI 接口不仅可以满足 1080P 的分辨率,还可以支持 DVD Audio 等数字音频格式,支持八声道 96kHz 或立体声 192kHz 数码音频传送,可以传送无压缩的音频信号及视频信号。HDMI 接口在视频监控系统中多用于解码器、DVR、NVR 等设备。HDMI 接口如图 3-5 所示。

图 3-5 HDMI 接口

SDI（Serial Digital Interface）接口：是一种数字分量串行接口,是专业的视频传输接口,一般用于广播级视频设备。SDI 接口按速率可划分为 3 种：标准清晰度 SD-SDI、高清标准清晰度 HD-SDI 和 3G-SDI,对应速率分别是 270Mb/s、1.485Gb/s 和 2.97Gb/s。因为 SDI 接口可以通过一条电缆传输全部的亮度信号、颜色信号、同步信号与时钟信息,所以能够进行较长距离的传输。SD-SDI 信号通过一般的同轴电缆可传输 350m 左右,HD-SDI 信号在一般同轴电缆中传输不到 100m,在高发泡介质同轴电缆中可传输 180m。SDI 接口如图 3-6 所示。

图 3-6　SDI 接口

同轴电缆可分为两种基本类型：基带同轴电缆和宽带同轴电缆。目前基带同轴电缆是常用的电缆，其屏蔽线是用铜做成网状的，特征阻抗为 50Ω（如 RG-8、RG-58 等）；宽带同轴电缆常用的电缆屏蔽层通常是用铝冲压而成的，特征阻抗为 75Ω（如 RG-59 等）。同轴电缆如图 3-7 所示。

图 3-7　同轴电缆

同轴电缆根据其直径大小可以分为：粗同轴电缆和细同轴电缆。粗同轴电缆适用于大型的局部网络，它的标准距离长、可靠性高，由于安装时不需要切断电缆，因此可以根据需要灵活地调整计算机的入网位置，但粗同轴电缆网络必须安装收发器电缆，因为安装难度大，所以总体造价高。相反，细同轴电缆安装则比较简单、造价较低，但由于其安装过程需要切断电缆，两头需要装上基本网络连接头（BNC），然后接在 T 型连接器两端，因此当接头多时容易产生隐患。

3.1.2　常见音频接口

常见的音频接口有凤凰头接口、RCA 接口和 BNC 接口，他们都有输入接口和输出接口，输入接口用于连接拾音器，输出接口则用于连接音箱。输入接口和输出接口的类型不一定相同，如音频输入接口采用凤凰头接口，音频输出接口则采用 BNC 接口。在实际的视频监控系统中凤凰头接口、RCA 接口和 BNC 接口通常和视频接口绑定在同一个通道中，采集的音频信号可以以录像的形式存储。常见的音频接口如图 3-8 所示。

（a）凤凰头接口　　　　　（b）RCA 接口　　　　　　（c）BNC 接口

图 3-8　常见的音频接口

3.5mm 的音频接口分为 3 段式和 4 段式。3 段式如计算机上常见的立体声耳机，有 3 根线（左声道、右声道、地线）；4 段式则如手机耳机，共有 4 根线，多了一个 MIC 麦克级。在视频监控系统中，摄像机经常会用到 3.5mm 的音频接口。3.5mm 的音频接口如图 3-9 所示。

图 3-9　3.5mm 的音频接口

MIC 接口用于连接传声器。在视频监控系统中，MIC 接口主要用于前端设备的音频采集。因为传声器的阻抗较小，为了保证信号质量，所以传声器的线缆都比较短。另外，因为 MIC 接口的尺寸较大，所以在连接设备上的数量较少，一般只有一个。受限于线缆和数量等因素，MIC 接口的应用场合较少，多用于监控中心。MIC 接口如图 3-10 所示。

图 3-10　MIC 接口

3.1.3 常见网络数据接口

RJ45 是布线系统中信息插座（通信引出端）连接器的一种，由插头（接头、水晶头）和插座（模块）组成，插头有 8 个凹槽和 8 个触点。RJ 是 Registered Jack 的缩写，意思是"注册的插座"。在 FCC（美国联邦通信委员会）的标准和规章中 RJ 是描述公用电信网络的接口，计算机网络的 RJ45 是标准 8 位模块化接口的俗称。RJ45 数据接口如图 3-11 所示。

图 3-11　RJ45 数据接口

信息模块或 RJ45 连接器与双绞线连接有 T568A 或 T568B 两种标准。在 T568A 标准中，与之相连的 8 根线分别定义为：白绿、绿；白橙、蓝；白蓝、橙；白棕、棕。在 T568B 标准中，与之相连的 8 根线分别定义为：白橙、橙；白绿、蓝；白蓝、绿；白棕、棕。其中定义的差分传输线分别是白橙色和橙色线缆、白绿色和绿色线缆、白蓝色和蓝色线缆、白棕色和棕色线缆。

为达到最佳兼容性，制作直通线时一般采用 T568B 标准。RJ45 水晶头针顺序号应按照如下方法进行观察：将 RJ45 插头正面朝向自己，有铜针一头朝向上方，连接线缆的一头朝向下方，从左至右将 8 个铜针依次编号为 1～8。

从铜针 1 至铜针 8 对应线序如下。

（1）T568A 标准：①白—绿；②绿；③白—橙；④蓝；⑤白—蓝；⑥橙；⑦白—棕；⑧棕。

（2）T568B 标准：①白—橙；②橙；③白—绿；④蓝；⑤白—蓝；⑥绿；⑦白—棕；⑧棕。

双绞线的连接方法主要有两种：直通线缆和交叉线缆。直通线缆的水晶头两端都遵循 T568A 或 T568B 标准，双绞线的每组线在两端都是一一对应的，颜色相同的在两端水晶头的相应槽中保持一致。而交叉线缆的水晶头一端遵循 T568A 标准，另一端则遵循 T568B 标准。

光纤连接器就是接入光模块的光纤接头，也分为好多种，且相互之间不可以互用。

不经常接触光纤连接器的人可能会误以为 GBIC 模块和 SFP 模块的光纤连接器相同,其实并不相同。SFP 模块接的是 LC 型光纤连接器,GBIC 模块接的则是 SC 型光纤连接器。光纤连接器如图 3-12 所示。

图 3-12　光纤连接器

下面对网络工程中几种常用的光纤连接器进行详细的说明。

(1) FC 型光纤连接器:外部加强方式采用金属套,紧固方式采用螺丝扣式。一般在 ODF 侧采用(配线架上用得最多)。

(2) SC 型光纤连接器:连接 GBIC 光模块的连接器,SC 型光纤连接器的外壳呈矩形,紧固方式采用插拔销闩式,无须旋转(路由器交换机上用得最多)。

(3) ST 型光纤连接器:常用于光纤配线架,外壳呈圆形,紧固方式是螺丝扣式(对于 10Base-F 连接来说,连接器通常是 ST 型,常用于光纤配线架)。

(4) LC 型光纤连接器:连接 SFP 模块的连接器,采用操作方便的模块化插孔(RJ)闩锁机理制成(路由器常用)。

(5) MT-RJ 型光纤连接器:收发一体的方形光纤连接器。

光纤从内部传导光波的不同,可分为单模(传导长波长的激光)和多模(传导短波长的激光)两种。单模光纤的连接距离可达 10km,多模光纤的连接距离要短得多,为 300m 或 500m。

3.1.4　常见其他接口与线缆

RS-485 接口:RS-485 接口组成的半双工网络,一般是两线制接法(以前有四线制接法,只能实现点对点的通信方式,现在很少采用),多采用屏蔽双绞线传输。RS-485 接口的接线方式为总线式拓扑结构,在同条总线上最多可以挂接 32 个结点。RS-485 通信网络一般采用主从通信方式,即一个主机带多个从机的通信方式。在大部分情况下,在连接 RS-485 通信链路时,只是简单地用一对双绞线将各个接口的"A""B"端连接起来,在低速、短距离、无干扰传输的场合可以采用普通的双绞线;反之,在高速、长距离传输的场合,则必须采用阻抗匹配(一般为 120Ω)的 RS-485 专用电缆:STP-120Ω(for RS-485 & CAN)one pair 18 AWG;而在恶劣的传输环境中还应采用铠装型双绞屏蔽电缆:

ASTP-120Ω（for RS-485 & CAN）one pair 18 AWG。RS-485 接口在视频监控系统中多用于云台与镜头控制。RS-485 接口如图 3-13 所示。

图 3-13　RS-485 接口

RS-232 接口：个人计算机上的通信接口之一，电子工业协会（Electronic Industries Association，EIA）制定的异步传输标准接口。RS-232 接口通常以 9 个引脚（DB-9）或 25 个引脚（DB-25）的形态出现。RS 是英文"推荐标准"的缩写，232 为标识号，C 表示修改次数。RS-232-C 总线标准设有 25 条信号线，包括一个主通道和一个辅助通道，在多数情况下主要使用主通道，对于一般双工通信，仅需要几条信号线就可以实现，如一条发送线、一条接收线及一条地线。RS-232-C 标准规定的数据传输速率为 50 波特、75 波特、100 波特、150 波特、300 波特、600 波特、1200 波特、2400 波特、4800 波特、9600 波特、19200 波特、38400 波特。在视频监控系统中，RS-232 接口多用于存储、NVR 等设备的命令行系统调试。RS-232 接口如图 3-14 所示。

图 3-14　RS-232 接口

I/O 接口是一个电子电路（以 IC 芯片或接口板形式出现），由若干专用寄存器和相应的控制逻辑电路构成，是 CPU 和 I/O 设备之间交换信息的媒介和桥梁。CPU 与外部设备、存储器的连接和数据交换都需要通过接口来实现，外部设备被称为 I/O 接口，而存储器则被称为存储器接口。存储器通常在 CPU 的同步控制下工作，接口电路比较简单；而 I/O 接口设备品种繁多，其相应的接口电路也各不相同，因此习惯上说到接口时只是指 I/O 接口。在视频监控系统中，I/O 接口多用于智能卡口、电子警察与外接设备互联使用。I/O 接口如图 3-15 所示。

序列式 SCSI（SAS：Serial Attached SCSI）是一种计算机集线技术。序列式 SCSI 由

并行 SCSI 物理存储接口演化而来，是 ANSI INCITS T10 技术委员会开发及维护的新的存储接口标准。与并行方式相比，序列方式能提供更快速的通信传输速度，以及更简易的配置。此外，SAS 接口与序列式 ATA（SATA）设备兼容，且两者可以使用相似的电缆。在视频监控系统中，存储设备的扩展柜连接多用 SAS 接口。序列式 SCSI 如图 3-16 所示。

图 3-15 I/O 接口

图 3-16 序列式 SCSI

3.2 视频数据传输常见设备介绍

视频矩阵是指通过阵列切换的方法将 m 路视频信号任意输出至 n 路监控设备上的电子装置，一般情况下视频矩阵的输入大于输出，即 $m>n$。有一些视频矩阵也带有音频切换功能，能将视频和音频信号进行同步切换，这种矩阵也叫视音频矩阵。就目前视频矩阵的实现方法来说，视频矩阵有模拟视频矩阵和数字视频矩阵两大类。模拟视频矩阵的输入设备有监控摄像机、高速球、画面处理器等，显示终端一般是监视器、电视墙、拼接屏等。通常视频矩阵输入路数较多，一般有几十路到几千路；输出路数比较少，一般有 2~128 个显示器，如 64 进 8 出、128 进 16 出、512 进 32 出、1024 进 48 出等。HDMI 切换器如图 3-17 所示。

图 3-17 HDMI 切换器

交换机（Switch）意为"开关"，是一种用于电（光）信号转发的网络设备，它可以为接入交换机的任意两个网络节点提供单独的电信号通路，最常见的交换机是以太网交换机。交换机工作在 OSI 参考模型的第二层，即数据链路层。交换机在目前的视频监控系统中是视频数据传输的重要组成部分。供电交换机如图 3-18 所示。

图 3-18　供电交换机

路由器（Router）是连接 Internet 中各局域网、广域网的设备，它会根据信道的情况自动选择和设定路由，以最佳路径，按前后顺序发送信号。路由器是互联网的枢纽，是"交通警察"。目前路由器已广泛应用于各行各业，各种档次的路由器已成为实现各种骨干网内部连接、骨干网间互联和骨干网与互联网互联互通业务的主力军。路由器和交换机之间的主要区别就是交换机工作在 OSI 参考模型的第二层，即数据链路层，而路由器工作在第三层，即网络层。这个区别决定了路由器和交换机在移动信息的过程中需要使用不同的控制信息，所以说两者实现各自功能的方式是不同的。路由器如图 3-19 所示。

图 3-19　路由器

防火墙（Firewall）指的是一个由软件和硬件设备组合而成的，在内部网和外部网之间，专用网与公共网之间的界面上构造的保护屏障，是一种获取安全性方法的形象说法。防火墙是计算机硬件和软件的结合，在 Internet 与 Intranet 之间建立一个安全网关（Security Gateway），从而保护内部网免受非法用户的侵入。防火墙主要由服务访问规则、验证工具、包过滤和应用网关 4 个部分组成。防火墙就是一个位于计算机和计算机所连接网络之间的软件或硬件，计算机流入、流出的所有通信网络和数据包均要经过防火墙。在目前的网络系统中，涉及广域网互联或接入 Internet 的通信网络，多数都需要经过防火墙。对视频监控系统来说，防火墙如果设置不当，则可能会拦截视频监控系统中正常交互的信令和数据报文。防火墙如图 3-20 所示。

第 3 章 视频数据传输技术

图 3-20 防火墙

　　光端机就是光信号传输的终端设备。由于目前技术的提高，光纤价格的降低使光端机在各个领域都得到了很好的应用（主要体现在安防监控领域），因此各个光端机的厂家就好比"雨后春笋"般发展起来。光端机在中国的发展是伴随着监控发展开始的。光端机就是把一路到多路的模拟信号通过各种编码协议转换成光信号，然后通过光纤介质来传输的设备。光端机可分为模拟光端机和数字光端机。模拟光端机采用 PFM 调制技术实时传输图像信号，发射端将模拟视频信号先进行 PFM 调制后，再进行电—光转换，光信号传到接收端后，进行光—电转换，然后进行 PFM 解调，恢复视频信号。由于模拟光端机采用了 PFM 调制技术，因此其传输距离能达到 50km 或更远。模拟光端机通过使用波分复用技术，还可以在一根光纤上实现图像和数据信号的双向传输，满足监控工程的实际需求。由于数字技术与传统模拟技术相比在很多方面都具有明显的优势，因此正如数字技术在很多领域都取代了模拟技术一样，光端机的数字化也是一种必然趋势。数字光端机主要有两种技术方式：一种是 MPEG II 图像压缩数字光端机，另一种是全数字非压缩光端机。MPEG II 图像压缩数字光端机一般采用 MPEG II 图像压缩技术，能将活动图像压缩成 N×2Mbps 的数据流通过标准电信通信接口传输或直接通过光纤传输。由于 MPEG II 图像压缩数字光端机采用了图像压缩技术，因此能大大降低信号传输带宽。由于全数字非压缩光端机采用全数字无压缩技术，因此能支持任何高分辨率运动、静止图像无失真传输，还能克服常规的模拟调频、调相、调幅光端机多路信号同时传输时，交调干扰严重、容易受环境干扰、传输质量低劣、长期工作不稳定等缺点。全数字非压缩光端机支持音频双向、数据双向、开关量双向、以太网、电话等信号的并行传输，现场接线方便，即插即用。光端机如图 3-21 所示。

图 3-21 光端机

3.3 数据通信基础知识

计算机网络形成的初期，网络技术发展迅猛，网络变得非常复杂，新的协议和技术不断产生，而大部分厂商网络设备的生产都按照自己的标准研发、设计，这使网络设备不能兼容，很难相互通信。

为了解决网络设备的兼容性问题，实现网络设备间的相互通信，ISO 组织在 1985 年提出了网络互联模型，即 OSI 参考模型。OSI 参考模型定义了网络互联的七层框架（物理层、数据链路层、网络层、传输层、会话层、表示层和应用层），该模型详细规定了每一层的功能，以实现开放系统环境中的互联性、互操作性和应用的可移植性。

TCP/IP 是"Transmission Control Protocol/Internet Protocol"的简写，中文译名为传输控制协议/互联网络协议。TCP/IP 是网络通信协议，规范了网络上的所有通信设备，还规范了一个主机与另一个主机之间的数据往来格式及传送方式。TCP/IP 是 Internet 的基础协议，也是一种计算机数据打包和寻址的标准方法。在数据传送中，可以把 TCP 和 IP 形象地理解为两个信封，把要传递的信息划分成若干段，一段塞入一个 TCP 信封，并在该信封的封面上记录分段号的信息，再将 TCP 信封塞入 IP 大信封，然后发送上网。在接收端，TCP 软件包收集信封，抽出数据，按发送前的顺序还原，并加以校验，若发现差错，TCP 将会要求重发。因此，TCP/IP 在 Internet 中几乎可以无差错地传送数据。普通用户并不需要了解网络协议的整个结构，仅需要了解 IP 的地址格式，即可与世界各地进行网络通信。

视频监控业务属于数据量大的实时业务。业界通常采用 UDP，充分利用其高有效性（低可靠性）、低网络开销、低延时的特点，但是 UDP 在质量差的网络环境中会影响图像质量。基于 IP 网络传输的视频监控系统中，对网络质量有如下几点要求。

（1）网络时延上限：400ms。

（2）时延抖动上限：50ms。

（3）丢包率上限：1/1000。

在设计、建设视频监控系统时，应充分评估网络流量模型，合理应用各种网络技术，达到实时视频通信业务要求的网络质量标准。

3.3.1 OSI 参考模型与 TCP/IP 模型

OSI 参考模型的不同层可以完成不同的功能，各层相互配合通过标准的接口进行通信。OSI 参考模型与 TCP/IP 模型如图 3-22 所示。

图 3-22 OSI 参考模型与 TCP/IP 模型

第 7 层应用层：OSI 参考模型中的最高层，为特定类型的网络应用提供了访问 OSI 环境的方式。应用层确定应用进程之间通信的性质，以满足用户的需要。应用层不仅要提供应用进程所需要的信息交换和远程操作，还要作为应用进程的用户代理，来完成一些信息交换所必需的功能。应用层能与应用程序界面沟通，以达到给用户展示的目的。应用层常见的协议有：HTTP、HTTPS、FTP、TELNET、SSH、SMTP、POP3 等。

第 6 层表示层：主要用于处理两个通信系统中交换信息的表示方式，为应用层用户解决用户信息的语法问题。表示层包括数据格式交换、数据加密与解密、数据压缩与终端类型的转换。

第 5 层会话层：在两个节点之间建立端连接，为端系统的应用程序间提供了对话控制机制。对话控制机制包括以全双工或半双工的方式建立连接，会话层用户管理登入和注销过程。会话层具体管理两个用户和进程之间的对话。如果某个时刻只允许一个用户执行一项特定的操作，那么会话层就会管理这些操作，如阻止两个用户同时更新数据库中的同一组数据。

第 4 层传输层：为会话层用户提供一个端到端的可靠、透明和优化的数据传输服务机制，包括全双工或半双工、流控制和错误恢复服务。传输层把消息分成若干个小组，并在接收端对它们进行重组，不同的小组可以通过不同的连接将消息传送到主机，这样既能获得较高的带宽，又不影响会话层。在建立连接时，传输层可以请求服务质量，服务质量可以指定可接收的误码率、延迟量、安全性等参数，还可以实现基于端到端的流量控制功能。

第 3 层网络层：通过寻址来建立两个节点之间的连接，为源端的传输层送来的消息分组，并选择合适的路由和交换节点，准确无误地按照地址将消息传送给目的端的传输层。网络层包括通过互联网络来选择路由和中继数据；除选择路由之外，网络层还负责建立和维护连接，控制网络上的拥塞及在必要的时候生成计费信息。网络层的常用设备有交换机。

第 2 层数据链路层：屏蔽物理层，为网络层提供一个数据链路的连接，在一条可能出差错的物理连接上，进行几乎无差错的数据传输（差错控制）。数据链路层将数据分帧，并处理流控制。数据链路层指定拓扑结构并提供硬件寻址。数据链路层的常用设备有网卡、网桥、交换机。

第1层物理层：处于OSI参考模型的最底层。物理层的主要功能是利用物理传输介质为数据链路层提供物理连接，以便透明地传送比特流。物理层的常用设备（各种物理设备）有集线器、中继器、调制解调器、网线、双绞线、同轴电缆。

发送数据时，数据从第7层传到第1层，接收数据时则相反。

第5～6层总称为应用层，用来管理软件；第1～4层总称为数据流层，用来管理硬件。除物理层之外的其他层都是用软件实现的。

在传输层的数据叫段，在网络层的数据叫包，在数据链路层的数据叫帧，在物理层的数据叫比特流，这种叫法叫PDU（协议数据单元）。

物理层处于OSI参考模型中的最底层，为传输数据创建、维持、拆除所需要的物理链路，具有机械的、电气的、功能的和规程的特性。物理层如图3-23所示。

图3-23　物理层

物理层接口的特性。

（1）机械特性：指明接口所用接线器的形状和尺寸、引线数目和排列、固定和锁定装置等。

（2）电气特性：指明在接口电缆的各条线上出现的电压范围。

（3）功能特性：指明某条线上出现的某个电平的电压含义。

（4）规程特性。指明对于不同功能的各种可能事件的出现顺序。

信号的传输离不开传输介质，而传输介质两端必然有接口用于发送和接收信号。因此，物理层主要关心如何传输信号，物理层的主要任务就是规定各种传输介质和接口与传输信号相关的一些特性。

第 3 章 视频数据传输技术

数据链路层是 OSI 参考模型中的第 2 层，介于物理层和网络层之间。数据链路层在物理层提供服务的基础上向网络层提供服务，最基本的服务是将源自网络层的数据可靠地传输到相邻节点的目标机网络层。为达到这个目的，数据链路层必须具备的功能有将数据组合成数据块（在数据链路层中称这种数据块为帧（Frame），帧是数据链路层的传送单位），控制帧在物理信道上的传输，包括处理传输差错，调节发送速率以使帧与接收方相匹配，以及在两个网络实体之间建立、维持和释放数据链路通路。数据链路层如图 3-4 所示。

图 3-24　数据链路层

网络层是 OSI 参考模型中的第 3 层，介于传输层和数据链路层之间。网络层在数据链路层提供的两个相邻节点之间的数据帧的传送功能上，进一步管理网络中的数据通信，将数据设法从源端经过若干个中间节点传送到目的端，从而向传输层提供最基本的端到端的数据传送服务。网络层的目的是实现两个端系统之间的数据透明传送，具体功能包括路由选择、连接的建立、保持和终止等。网络层提供的服务使传输层不需要了解网络中的数据传输和交换技术。如果您想用尽量少的词来记住网络层，那就是"路径选择、路由及逻辑寻址"。网络层如图 3-25 所示。

图 3-25　网络层

传输层主要为两台主机上的应用程序提供端到端的连接，使源、目的端主机上的对等实体可以进行会话。传输层如图3-26所示。

图 3-26 传输层

TCP/IP 协议族的传输层协议主要包括 TCP（Transmission Control Protocol）和 UDP（User Datagram Protocol）。其中 TCP 是有连接的，可以保证通信两端的数据传输可靠，支持乱序恢复、差错重传和流量控制；而 UDP 是无连接的，提供非可靠性的数据传输，数据传输的可靠性由应用层保证。

交换机工作在 OSI 参考模型的第 2 层，即数据链路层。交换机内部的 CPU 会在每个端口连接成功时，通过 MAC 地址和端口对应，形成一张 MAC 表，在以后的通信中，发往该 MAC 地址的数据包将仅送往其对应的端口，而不是所有的端口。因此，交换机可用于划分数据链路层广播，即冲突域，但它不能划分网络层广播，即广播域。

交换机拥有一条很高带宽的背部总线和内部交换矩阵，其所有端口都挂接在这条背部总线上，控制电路收到数据包以后，处理端口会查找内存中的地址对照表以确定目的 MAC 地址（网卡的硬件地址）的 NIC 地址（网卡）的挂接端口。交换机通过内部交换矩阵会迅速地将数据包传送到目的端口，目的 MAC 地址若不存在，则发送广播信息到所有的端口，接收到端口回应后会"学习"新的 MAC 地址，并把它添入内部 MAC 地址表中。使用交换机也可以给网络"分段"，通过对照 IP 地址表，交换机只允许必要的网络流量通过。

由于大多数视频监控系统的范围都在某个地区，因此交换机是承载 IP 网络视频监控系统的主要传输设备。交换机具有的低交换延迟和高传输带宽，很适合实时性要求很高、数据量大的视频传输需要。

路由器又称网关设备，用于连接多个逻辑上分开的网络。逻辑网络指一个单独的网络或一个子网。当数据从一个子网传输到另一个子网时，可通过路由器的路由功能完成。因此，路由器具有判断网络地址和选择 IP 路径的功能，它能在多网络互联环境中，建立灵活的连接，可用完全不同的数据小组和介质访问方法连接各种子网。路由器只接受源站或其他路由器的信息，属于网络层的一种互联设备。

路由器是互联网的主要结点设备，通过路由决定数据的转发。路由器的转发策略称为路由选择（Routing），这也是路由器（Router，转发者）名称的由来。路由器作为不同网络之间互相连接的枢纽，构成了基于 TCP/IP 的国际互联网络的主体脉络，也可以说，路由器构成了 Internet 的骨架。

路由器多用于远距离的数据传输，相对交换机而言，交换机的功能强大，而路由器的传输带宽较小，转发速度较慢。在视频监控系统中，当跨广域网或上下级域互联时，可能会用到路由器。OSI 参考模型与 TCP/IP 参考模型如图 3-27 所示。

图 3-27　OSI 参考模型与 TCP/IP 参考模型

TCP/IP 是一组用于实现网络互联的通信协议。Internet 网络体系结构以 TCP/IP 为核心。TCP/IP 的参考模型将通信协议分成 4 个层次，分别是网络接口层、网际互联层、传输层（主机到主机）和应用层。

1．应用层

应用层对应 OSI 参考模型的应用层、表示层和会话层，为用户提供各种服务，如 FTP、Telnet、DNS、SMTP 等。

2．传输层（主机到主机）

传输层（主机到主机）对应 OSI 参考模型的传输层，为应用层实体提供端到端的通信服务，保证数据包的传送顺序及数据的完整性。传输层定义了两个主要协议：传输控制协议（TCP）和用户数据报协议（UDP）。

TCP 提供的是一种可靠的、通过"三次握手"来连接的数据传输服务，而 UDP 提供的则是不保证可靠的（并不是不可靠的）、无连接的数据传输服务。

3．网际互联层

网际互联层对应 OSI 参考模型的网络层，主要解决主机到主机的通信问题。网际互联层所包含的协议会设计数据包在整个网络上的逻辑传输，注重重新赋予主机一个 IP 地址来完成对主机的寻址，它还负责数据包在多种网络中的路由。网际互联层有 3 个主要协议：网际协议（IP）、互联网组管理协议（IGMP）和互联网控制报文协议（ICMP）。

IP 是网际互联层最重要的协议，提供一个可靠、无连接的数据包传递服务。

4．网络接口层

网络接口层对应 OSI 参考模型的数据链路层和物理层，负责监视数据在主机和网络之间的交换。事实上，TCP/IP 本身并未定义该层的协议，而是由参与互联的各网络使用自己的物理层和数据链路层协议，然后与 TCP/IP 的网络接口层进行连接。地址解析协议（ARP）工作在网络接口层，也工作在 OSI 参考模型的数据链路层。

TCP 和 UDP 都属于 TCP/IP 参考模型中的传输层协议，在视频监控系统中用于信令及视频数据报文的封装，由于 TCP 和 UDP 不同的传输特点，因此在网络条件不好的情况下，会对视频数据传输有重要影响。TCP 与 UDP 的区别如表 3-1 所示。

表 3-1　TCP 与 UDP 的区别

功　能　项	TCP	UDP
连接服务的类型	面向连接	无连接
维护的连接状态	维护端到端的连接状态	不维护连接状态
对应用层数据的封装	对应用层数据进行分段和封装，用端口号标识应用层程序	与 TCP 相同
数据传输	通过序列号和应答机制确保可靠传输	不确保可靠传输
流量控制	使用滑动窗口机制控制流量	无流量控制机制

TCP 充分实现了视频数据传输时需要的各种控制功能，可以进行丢包的重发控制，还可以对次序乱掉的分包进行顺序控制，而 UDP 中都没有这些控制功能。此外，TCP 作为一种有连接的协议，只有在确认通信对端存在时才会发送数据，从而控制通信流量。TCP 通过检验和、序列号、确认应答、重发控制、连接管理，以及窗口控制等机制实现可靠性传输。

由于 UDP 报文没有序列号、确认、超时重传和滑动窗口，没有任何可靠性保证，因此基于 UDP 的应用和服务通常工作在可靠性较高的网络环境下。

UDP 的优点有以下几种。

（1）实现简单，占用资源少：由于 UDP 抛弃了复杂的机制，不需要维护连接状态，也节省了发送缓存，因此可以很容易地运行在处理能力低、资源少的节点上。

（2）带宽浪费小，传输效率高：UDP 头比 TCP 头的尺寸小，而且 UDP 节约了 TCP 用于确认带宽的消耗，因此提高了带宽利用率。

（3）延迟小：由于 UDP 不需要等待确认和超时，也不需要考虑窗口的大小，因此可以持续而快速地发送数据。对于很多应用而言，特别是类似视频监控的实时应用，重新传输实际上没有意义。

TCP/IP 网络层的核心协议是由 RFC791 定义的 IP（Internet Protocol，互联网协议）。IP 是尽力传输的网络协议，其提供的数据传送服务是不可靠的、无连接的。IP 不关心数据报文的内容，不能保证数据包能成功地到达目的地，也不维护任何数据包的前后状态信息。面向连接的可靠服务由 TCP 实现。

IP 将来自传输层的数据段封装成 IP 包，并交给网络接口层发送，同时将来自网络接口层的帧解封装，并根据 IP 协议号提交给相应的传输层协议进行处理。TCP 的 IP 协议号为 6，UDP 的 IP 协议号为 17。

IP 的主要作用包括以下几种。

（1）标识节点和链路：IP 为每个链路分配一个全局唯一的网络号（Network-number）以标识每个网络，为节点分配一个全局唯一的 32 位 IP 地址，以标识每个节点。

（2）寻址和转发：IP 路由器通过掌握的路由信息，确定节点所在的网络位置，进而确定节点的位置，并选择适当的路径将 IP 包转发到目的节点。

（3）适应各种数据链路：为了工作在多样化的数据链路和介质上，IP 必须具备适应各种数据链路的能力，如可以根据数据链路的 MTU（Maximum Transfer Unit，最大传输单元）对 IP 包进行分片和重组，可以建立 IP 地址到数据链路层地址的映射，以通过实际的数据链路传递信息。

3.3.2 子网的划分

Internet 组织机构定义了 5 种 IP 地址，主要使用 A、B、C 三类。D 类地址第一个 8 位数组以"1110"开头，第一个字节为 224-239，通常作为组播地址；E 类地址第一个 8 位数组以"11110"开头，用于科学研究。A 类地址有 126 个网络，每个网络可能有 16777214 台主机，它们处在同个广播域，而同个广播域中不可能有这么多节点，网络会因为广播通信而饱和，所以造成 16777214 个地址大部分没有分配出去。可以将每类 IP 网络进一步划分成更小的子网，每个子网由路由器界定并分配一个新的子网网络地址，子网网络地址是借用每类网络地址的部分主机创建的。划分成子网后，使用掩码，把子网隐藏起来，使得从外部看网络没有变化，这就是子网掩码。

32位的IP地址可以分为两部分，即网络ID和主机ID，也叫IP地址的网间网部分和本地部分。子网编址技术将本地部分进一步划分为物理网络部分和主机部分，其中物理网络部分用于标识同个IP网络地址下的不同物理网络，常称为掩码位、子网掩码号或子网掩码ID，不同的子网就是依据这个掩码ID来识别的。

子网的划分实际上就是设计子网掩码的过程。子网掩码主要用来区分IP地址中的网络ID和主机ID，用来屏蔽IP地址的一部分，从IP地址中分离出网络ID和主机ID。子网掩码是由4个十进制数组成的数值，中间用"."隔开，如255.255.255.0。若将子网掩码写成二进制的形式，则为11111111.11111111.11111111.00000000，其中为"1"的位分离出网络ID，为"0"的位分离出主机ID，也就是将IP地址与子网掩码进行与逻辑操作，得出网络ID。

例如，假设IP地址为192.160.4.1，子网掩码为255.255.255.0，则网络ID为192.160.4.0，主机ID为0.0.0.1。计算机网络ID的不同，说明他们不在同一个物理子网中，则需要通过路由器转发才能进行数据交换。

每类IP地址具有默认的子网掩码，A类地址的子网掩码为255.0.0.0，B类地址的子网掩码为255.255.0.0，C类地址的子网掩码为255.255.255.0。IP地址的子网掩码除可用上述的表示方法之外，还可用子网掩码中"1"的位数来表示，在默认情况下，A类地址的子网掩码为8位，B类地址的子网掩码为16位，C类地址的子网掩码为24位。例如，A类的某个地址为12.10.10.3/8，这里的最后一个"8"说明该地址的子网掩码为8位；199.42.26.0/28则表示网络199.42.26.0的子网掩码为28位。

如果希望在一个网络中建立子网，那么就要在这个默认的子网掩码中加入一些位，用于减少主机地址的位数，加入掩码中的位决定了可以配置的子网。因此，在一个划分了子网的网络中，每个地址包含一个网络地址、一个子网位数和一个主机地址。

3.3.3 特殊IP地址

127.0.0.0：127是一个保留地址，该地址是指计算机本身，作为测试使用，用于网络软件测试及本地机进程间通信。

10.×.×.×、172.16.×.×～172.31.×.×、192.168.×.×：表示私有地址。私有地址被大量使用在内部网络中，视频监控系统几乎全部使用私有地址。当使用私有地址接入Internet时，需要使用地址翻译（NAT），将私有地址转化为公网地址。

0.0.0.0：表示一个集合，表示所有在本机的路由表中没有特定条目指明到达方式的主机和网络。如果在网络设置中设置了缺省网关，那么Windows系统就会自动产生一个目的地址为 0.0.0.0 的缺省路由。

255.255.255.255：表示受限制的广播地址。对本机来说，这个地址指本网段（同个广播域）内的所有主机，该地址用于主机配置过程中 IP 数据包的目的地址，这时主机可能还不知道它所在网络的网络掩码，甚至不知道它的 IP 地址。任何情况下，路由器都会禁止转发目的地址为受限制的广播地址的数据包，因此这样的数据包仅会出现在本地网络中。

224.0.0.1：组播地址，要注意组播地址和广播地址的区别。从 224.0.0.0 到 239.255.255.255 都是组播地址。224.0.0.1 特指所有主机，224.0.0.2 特指所有路由器。组播地址多用于一些特定的程序及多媒体程序。

直接广播地址：一个网络中的最后一个地址为直接广播地址，也就是 HostID 全为 1 的地址。主机使用直接广播地址把一个 IP 数据包发送到本地网段的所有设备上，路由器会转发这个数据包到特定网络的所有主机上。

3.3.4 视频监控系统 IP 地址规划

视频监控系统中的摄像机/编码器前端、视频管理服务器/媒体转发服务器、视频存储服务器、视频解码器、业务终端等 5 大类设备，需要对 IP 地址进行规划。

在中小型视频监控系统中，当需要 IP 地址的设备不多时，可以简单地给摄像机/编码器前端设备分配一个 C 类地址段，其余设备再分配一个 C 类地址段。

在大型视频监控系统中，摄像机/编码器前端设备数以千计，可以按照地理位置、行政区域或网络汇聚区域来分配 IP 地址，分配 IP 地址时应遵循连续性、唯一性原则，并为将来扩容时预留一定数量的地址。视频管理服务器/媒体转发服务器、视频存储服务器、视频解码器、业务终端等 4 大类的设备数量不会太多，应分别为每类设备分配一个网段的 IP 地址。

以××市平安城市为例划分 IP 地址，共计有前端摄像机 3000 个。其中 A 区有摄像机 600 个，B 区有摄像机 900 个，C 区有摄像机 1300 个，D 区有摄像机 200 个；视频管理服务器/媒体转发服务器 10 台，视频存储服务器 120 台，视频解码器 80 台，业务终端 200 台，应采用私网地址段划分 IP 地址。

因为私网可使用的 IP 地址比较多，所以在分配地址时，应尽量多预留。A 区采用的 IP 地址段为 192.168.0.1/24～192.168.30.254/24，共计 31 个 C 类地址段，可以容纳 7874 台设备；B 区采用的 IP 地址段为 192.168.31.1/24～192.168.70.254/24，共计 40 个 C 类地址段，可以容纳 10160 台设备；C 区采用的 IP 地址段为 192.168.71.1/24～192.168.130.254/24，共计 60 个 C 类地址段，可以容纳 15240 台设备；D 区采用的 IP 地址段为 192.168.131.1/24～192.168.150.254/24，共计 20 个 C 类地址段，可以容纳 5080 台设备；视频存储服务器采用 192.168.151.1/24～192.168.160.1/24 的地址段，视频解码器采用 192.168.161.1/24～192.168.180.254/24 的地址段，业务终端采用 192.168.181.254/24～192.168.200.254/24 的地址段，视频管理服务器/媒体转发服务器采用 192.168.201.1/24～192.168.210.254/24 的地址段。

当采用以上方式进行 IP 地址分配时，因私网 IP 地址数量较多，所以在分配时，应尽可能地多预留 IP 地址。当 IP 地址数量不多时，则需要精确计算可用的 IP 地址数量，应连续分配，尽量较少浪费；当 IP 地址数量较多时，则可以根据设备汇聚的三层交换机划分整段的 IP 地址，以增强系统的可维护性。

3.4 视频数据接入技术

视频数据接入过程如图 3-28 所示。

图 3-28 视频数据接入过程

目前基于 IP 网络的视频监控系统使用最多的是通过网线/光纤/EPON（Ethernet Passive Optical Network）接入的前端摄像机。

普通网线 LAN 接入，传输距离在 100m 以内，若支持长距离以太网 LRE（Long Trans Ethernet）技术，则最长可以支持 300m 距离传输。

园区中使用光纤接入或 EPON 接入较多。光纤接入一般分为单模光纤和多模光纤，多模光纤传输的距离不超过 2km，更远的距离则要采用单模光纤。

EPON 通过单纤双向传输方式，实现视频、语音和数据等业务的综合接入，解决接入技术中的"最后一千米问题"。EPON 结构如图 3-29 所示。

图 3-29　EPON 结构

EPON 采用非对称式点到多点结构，中心端设备 OLT（Optical Line Terminal，光线路终端）既是一个路由交换设备，又是一个多业务提供平台，提供面向无源光纤网络的光纤接口（PON 接口）。OLT 与多个接入端设备 ONU（Optical Network Unit，光网络单元）通过 POS（Passive Optical Splitter，无源分光器）连接。POS 是一个简单设备，不需要电源，可以置于相对宽松的环境中，一般一个 POS 的分光比为 2、4、8、16、32，并可以多级连接。

EPON 适用于监控组网中的编码器远距离接入。EPON 有如下几个优点。

（1）节省大量光纤和光收发器，比传统光纤接入方案成本低。

（2）大量使用无源设备，可靠性高，显著降低维护费用。

（3）网络扁平化，结构简单，更利于运营商对网络的管理。

（4）最高 20km 的接入距离，使运营商局端部署更加灵活。

（5）组网模型不受限制，可以灵活组建树型、星型拓扑网络。

（6）提供非常高的带宽。EPON目前可以提供上下行对称的1Gbps带宽，并且随着以太网技术的发展可以升级到10Gbps。

（7）应用广泛，不仅可作为运营商宽带接入网络，还可作为广电视频的传输网络、视频监控的图像传输网络。

EPON在视频监控系统中有以下两种常见接入方式。

（1）ONU接入方式：编码器、IPC通过网线接入ONU设备，ONU与分光器分支光纤相连，接入EPON网络。一个ONU设备可以接入若干台网络设备。

（2）ONU设备接入的方式：OLT设备绑定了ONU设备的MAC地址，更换了其他设备，MAC地址与绑定地址不一致时将无法接入。OLT设备采用ONU设备的方式，绑定的是ONU设备的MAC地址，而ONU设备可以接入多台计算机，所以使用ONU设备接入方式安全性更好。

随着无线技术的发展，视频监控系统中采用无线接入的方式也逐渐出现，基于Wi-Fi、4G网络的接入，均有小规模的应用。前端网络摄像机内置Wi-Fi模块或4G网络模块，可以通过无线网络接入汇聚点，传输视频数据。但是由于无线网络的不稳定及高昂的成本，因此无线接入方式一般作为在不方便网络布线环境的辅助接入手段。可以预测，当无线接入的成本降低，网络质量能够保证时，将会成为主流的接入方式。

3.5 数据通信技术

视频监控系统的数据包含三大类：第一类为控制信令，数据量小，多为双向通信；第二类为实时视频数据，数据量大，网络质量要求高，呈单向传输；第三类为非实时视频数据，数据量大。由于视频监控系统数据量大的特点，若承载网络规划不好，则容易造成网络堵塞，因此常用一些网络技术来减少网络故障。

3.5.1 POE技术

POE（Power Over Ethernet，以太网供电，又称远程供电）技术是指设备通过以太网接口，利用双绞线对外接PD（Powered Device，受电设备）进行远程供电的技术。POE技术能确保在现有结构化布线安全的同时保证现有网络的正常运作，最大限度地降低成本。IEEE 802.3af标准是基于以太网供电系统POE技术的新标准，在IEEE 802.3标准的基础上增加了通过网线直接供电的相关标准，是现有以太网标准的扩展，也是第一个关于电源分配的国际标准。

IEEE 在 1999 年时开始制定 802.3af 标准，但是，该标准的缺点一直制约着市场的扩大。直到 2003 年 6 月，IEEE 批准了 802.3af 标准，明确规定了远程系统中的电力检测和控制事项，并对路由器、交换机和集线器通过以太网电缆向 IP 电话、安全系统，以及无线 LAN 接入点等设备的供电方式进行了规定。

一个典型的以太网供电系统是在配线柜中保留以太网交换机设备，用一个带电源供电集线器（Midspan HUB）给局域网的双绞线提供电源的系统。在双绞线的末端，该电源用来驱动电话、无线接入点、相机和其他设备，为避免断电，可以选用一个 UPS（Uninterruptible Power Supply，不间断电源）。标准的 5 类网线有 4 对双绞线，但是在 l0MB Base-T 和 100MB Base-T 中只会用到两对。IEEE 802.3af 标准允许使用以下两种用法：当应用空闲脚供电时，4、5 脚连接为正极，7、8 脚连接为负极；当应用数据脚供电时，将 DC 电源加在传输变压器的中点，不影响数据的传输，这种方式下的线对 1、2 和线对 3、6 可以为任意极性。

IEEE 802.3af 标准不允许同时使用以上两种用法。电源提供设备 PSE 只能提供一种用法，但是电源应用设备 PD 必须能够同时适应两种用法。该标准规定供电电源通常是 48V、13W 的，PD 设备提供 48V 到低电压的转换是较容易的，但同时应有 1500V 的绝缘安全电压。

POE 系统如图 3-30 所示，包括 PI（Power Interface，电源接口）和 PD 等。

图 3-30　POE 系统

（1）POE 电源为整个 POE 系统提供功率。

（2）PSE（Power Sourcing Equiment）：直接给 PD 供电的设备。PSE 分为内置（Endpoint）和外置（Midspan）两种。内置指的是 PSE 集成在交换机/路由器内部，外置指的是 PSE 与交换机/路由器相互独立。PSE 支持的主要功能包括寻找、检测 PD，对 PD 分类，并向 PD 供电和进行功率管理、实时监控、检测与 PD 的连接是否断开等。

（3）PI：具备 POE 供电能力的以太网接口，也称 POE 接口，包括 FE 接口和 GE 接口。

（4）PD：接受 PSE 供电的设备，如 IP 电话、无线 AP（Access Point，接入点）、便携设备充电器、刷卡机、网络摄像头等。

PD 设备在接受 POE 电源供电的同时，可以连接其他电源，进行电源冗余备份。在视频监控系统中，IPC（网络摄像机）的接入经常采用 POE 系统。

3.5.2 VLAN 技术

VLAN（Virtual Local Area Network，虚拟局域网）是一组逻辑上的设备，不受物理位置的限制，可以根据功能、部门及业务因素将设备组织起来，相互之间的通信在同一个网段中。VLAN 工作在 OSI 参考模型的第 2 层和第 3 层，一个 VLAN 就是一个广播域，VLAN 之间的通信是通过第 3 层的路由器来完成的。与传统的局域网技术相比，VLAN 更加灵活，它具有以下几个优点：网络设备的移动、添加和修改的管理开销减少，可以控制广播活动，可以提高网络的安全性。

在计算机网络中，一个二层网络可以被划分为多个不同的广播域，一个广播域对应一个特定的用户组，默认情况下这些不同的广播域之间是相互隔离的，不同的广播域之间想要通信，需要通过一个或多个路由器。VLAN 划分如图 3-31 所示。

图 3-31　VLAN 划分

VLAN 限制网络上的广播，将网络划分为多个 VLAN 可减少参与广播风暴的设备数量，VLAN 分段可以防止广播风暴波及整个网络。VLAN 可以提供建立防火墙的机制，防止交换网络的过量广播。使用 VLAN 可以将某个交换端口或用户放在某个特定的 VLAN 组，该 VLAN 组可以在一个交换网中或可以跨接多个交换网。在一个 VLAN 中的广播不会被传送到 VLAN 之外，同样，相邻的端口不会收到其他 VLAN 产生的广播，这样可以减少广播流量，释放带宽给用户应用，减少广播的产生。

常见的 VLAN 划分方法有基于端口的划分、基于 MAC 地址的划分、基于用户的划分、基于 IP 组播的划分和基于协议的划分。在视频监控系统的承载网络中，基于端口的划分使用较多。

基于端口划分 VLAN 是常用的一种 VLAN 划分方法，这种划分方法应用较为广泛、也很有效，目前绝大多数使用 VLAN 协议的交换机都提供这种 VLAN 划分方法。基于端口划分 VLAN 的方法是根据以太网交换机的交换端口来划分的，它将 VLAN 交换机上的物理端口和 VLAN 交换机内部的 PVC（永久虚电路）端口分成若干组，每个组构成一个虚拟网，相当于一个独立的 VLAN 交换机，当不同部门需要互访时，可通过路由器转发，并配合基于 MAC 地址的端口过滤。对某站点的访问路径上，最靠近该站点的交换机、路由交换机或路由器的相应端口，设定可通过的 MAC 地址集，可以防止非法入侵者从内部盗用 IP 地址然后从其他可接入点入侵。从基于端口划分 VLAN 的方法中可以看出，这种划分方法的优点是定义 VLAN 成员时非常简单，只要将所有的端口都定义为相应的 VLAN 组即可，适合任何大小的网络；但它的缺点是如果某用户离开了原来的端口，到了一个新交换机的某个端口，则必须要重新定义。

3.5.3 路由技术

路由提供了异构网互联的机制，可以将一个网络的数据包发送到另一个网络中。路由就是指导 IP 数据包发送的路径信息。路由工作在 OSI 参考模型第 3 层——网络层的数据包转发设备中。路由数据转发如图 3-32 所示。

图 3-32 路由数据转发

在网络中选择路由时要使用路由器，路由器只是根据收到的数据报头的目的地址选择一个合适的路径（通过某个网络），将数据包传送到下一个路由器，路径上最后的路由器负责将数据包送交目的主机。数据包在网络上的传输就像体育运动中的接力赛一样，每个路由器只负责自己本站数据包的最优路径转发，通过多个路由器一站一站的接力将数据包通过最优路径转发到目的地址，当然有时候由于实施一些路由策略，因此数据包通过的路径并不一定是最优路径。路由器通常连接两个或多个由 IP 子网或点到点协议标识的逻辑端口，至少拥有 1 个物理端口。路由器根据收到数据包中的网络层地址，以及路由器内部维护的路由表决定输出端口及下一跳地址，并且重写链路层数据包实现数据包的转发。路由器通过动态维护路由表来反映当前的网络拓扑，并通过网络上其他路由器交换路由和链路信息来维护路由表。

路由分为静态路由和动态路由，其相应的路由表分别为静态路由表和动态路由表。静态路由表由网络管理员在系统安装时根据网络的配置情况预先设定，若网络结构发生变化则由网络管理员手动修改路由表。动态路由随网络运行情况的变化而变化，路由器根据路由协议提供的功能自动计算数据传输的最佳路径，由此得到动态路由表。路由表数据如图 3-33 所示。

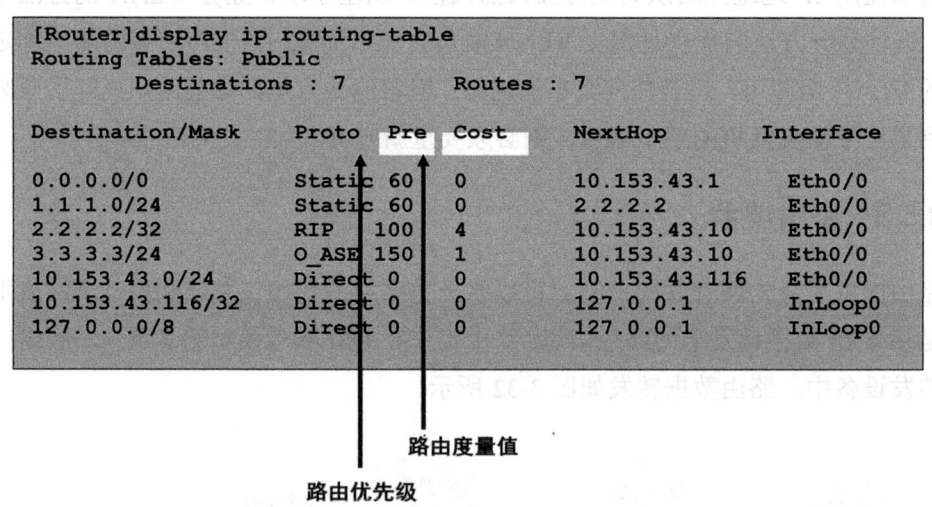

图 3-33 路由表数据

路由器转发数据包的关键是路由表。每个路由器中都保存着一张路由表，路由表中每个路由项都指明数据包到某子网或某主机应通过路由器的哪个物理端口发送，可到达该路径的下一个路由器，或者不再经过别的路由器而传送到直接相连的网络中的目的主机。

路由器包含以下几个关键项。

（1）目的地址（Destination）：用来标识 IP 数据包的目的地址或目的网络。

（2）网络掩码（Mask）：与目的地址一起来标识目的主机或路由器所在网段的地址。将目的地址和网络掩码进行与逻辑后可得到目的主机或路由器所在网段的地址。例如，目的地址为 18.0.0.0，网络掩码为 255.0.0.0 的主机或路由器所在网段的地址为 18.0.0.0。网络掩码由若干个连续的"1"构成，既可以用点分十进制表示，又可以用网络掩码中连续"1"的个数来表示。

（3）输出接口（Interface）：说明 IP 数据包将从路由器哪个接口转发。

（4）下一跳 IP 地址（Nexthop）：说明 IP 数据包所经由下一个路由器的接口地址。

路由器就是通过匹配路由表中的表项来实现数据包转发的。当路由器收到一个数据包时，将数据包的目的 IP 地址分别与路由表中目的 IP 地址的网络掩码进行与逻辑的操作，如果进行与逻辑操作后的 IP 地址与数据包的目的 IP 地址相同，则说明路由匹配，该数据包即按照该路由项的下一跳 IP 地址进行转发。但是当路由表中存在多个表项可以同时匹配数据包的目的 IP 地址时，路由查找进程会选择其中网络掩码最长的表项用于转发，即最长匹配。路由表匹配流程如图 3-34 所示。

图 3-34　路由表匹配流程

例如，若路由表中存在 3 个表项，其目的地址和网络掩码分别为 192.168.1.0/24、192.168.0.0/16、192.0.0.0/8，某数据包的目的 IP 地址为 192.168.1.18，则该数据包与路由表中的 3 个表项都能匹配，这时路由查找进程会根据最长匹配的原则，选择路由项192.168.1.0/24，数据包将会根据该路由项转发。

路由表中有一个 Protocol 字段，指明了路由的来源，即路由是如何生成的。路由的来源主要有以下 3 种。

（1）直连路由（Direct）：数据链路层协议发现的路由，开销小、配置简单，无须人工维护，只能发现本接口所属网段拓扑的路由。

（2）手动配置的静态路由（Static）：静态路由是一种特殊的路由，由管理员手动配置。通过静态路由的配置可建立一个互通的网络，但这种配置的问题在于：当发生一个网络故障后，静态路由不会自动修正，必须要有管理员介入。静态路由无开销、配置简单，适合简单拓扑结构的网络。

（3）动态路由协议发现的路由（RIP、OSPF 等）：当网络拓扑结构十分复杂时，手动配置静态路由工作量大且容易出现错误，这时就可用动态路由，让其自动发现和修改路由，无须人工维护，但动态路由开销大，配置复杂。

在视频监控系统的承载网中，使用静态路由与动态路由较多。在中小型视频监控系统中，通常只使用静态路由；在大型视频监控的承载网中，需要同时使用动态路由与静态路由。

3.5.4 NAT 技术

NAT（Network Address Translation，网络地址转换）技术是在 1994 年被提出的。当在专用网内部的一些主机已经分配到本地 IP 地址（仅在本专用网内使用的专用地址），但现在又想和 Internet 上的主机通信（并不需要加密）时，可使用 NAT 技术。

IP 地址分为公有地址和私有地址。公有地址（Public Address，也可称为公网地址）由 Internet NIC（Internet Network Information Center，因特网信息中心）负责，通过公有地址可直接访问 Internet，它属于广域网范畴。

私有地址（Private Address，也可称为专网地址）属于非注册地址，专门为组织机构内部使用，它属于局域网范畴，但所在的局域网是无法访问 Internet 的。留用的内部私有地址目前主要有以下几类。

（1）A 类：10.0.0.0～10.255.255.255。

（2）B 类：172.16.0.0～172.31.255.255。

（3）C 类：192.168.0.0～192.168.255.255。

装有 NAT 技术的路由器叫作 NAT 路由器。NAT 路由器至少要有一个有效的外部全球 IP 地址，这样，所有使用私有地址的主机在和外界通信时，都要在 NAT 路由器上将其本地地址转换成全球 IP 地址，才能访问 Internet。NAT 路由器工作流程如图 3-35 所示。

图 3-35　NAT 路由器工作流程

NAT 技术的实现方式有 3 种，即静态转换、动态转换和端口多路复用。

静态转换是指将内部网络的私有 IP 地址转换为公有 IP 地址，IP 地址是一对一的，一个内部地址映射到一个外部地址，某个私有 IP 地址只转换为某个公有 IP 地址。借助静态转换可以实现外部网络对内部网络中某些设备的访问。

动态转换是指将内部网络的私有 IP 地址转换为公有 IP 地址时，IP 地址是不确定的，是随机的。所有被授权访问 Internet 的私有 IP 地址都可随机转换为任何指定的合法 IP 地址，也就是说，只要指定可以进行转换的内部地址，以及作为外部地址的合法地址时，就可以进行动态转换。动态转换可以使用多个合法的外部地址集。当 ISP 提供的合法 IP 地址略少于网络内部的计算机数量时，可以采用动态转换的方式进行转换。

端口多路复用是指改变外部数据包的源端口并进行端口转换，即端口地址转换。内部网络的所有主机均可共享一个合法外部 IP 地址实现对 Internet 的访问，从而可以最大限度地节约 IP 地址资源。同时可以隐藏网络内部的所有主机，有效避免来自 Internet 的攻击。因此，目前网络中应用最多的就是端口多路复用方式。

传统的 NAT 技术只对 IP 层和传输层头部进行转换处理，但也有一些应用，在协议数据报文中包含地址信息，为了使这些应用也能透明地完成 NAT 转换，NAT 使用 ALG（Application Level Gateway，应用程序级网关技术）对这些应用在通信时所包含的地址信息进行相应的 NAT 转换。例如，对于 RIP 协议的 INVITE 消息、200（OK）消息和部分 ACK 消息等都需要相应的 ALG 来支持。

如果协议数据报文不包含地址信息，则可以很容易地利用传统的 NAT 技术来完成透明的地址转换，通常我们使用的 HTTP、TELNET、NTP、NFS 等就可以直接利用传统的 NAT 技术。

在视频监控系统中，需要使用 Internet 来传输视频数据时，大多会涉及地址转换，其中静态转换及端口多路复用应用得较多。由于视频监控系统呼叫控制协议大多采用 SIP（Session Initiation Protocol），因此在使用 NAT 时一般采用一对一映射。在家用小型视频监控系统中，可以采用视频监控产品上自带的 NAT 穿越功能，如浙江宇视科技的 UNP。

3.5.5 组播技术

传统的 IP 通信有两种方式：第一种是在一台源 IP 主机和一台目的 IP 主机之间进行通信，即单播（Unicast）；第二种是在一台源 IP 主机和网络中所有其他的 IP 主机之间进行通信，即广播（Broadcast）。如果要将信息发送给网络中的多个主机而非所有主机，要么采用广播方式，要么由源 IP 主机分别向网络中的多台目标主机以单播方式发送 IP 数据包。当采用广播方式实现时，不仅会出现将信息发送给不需要的主机而浪费带宽的情况，还可能由于路由回环引起严重的广播风暴；当采用单播方式实现时，由于 IP 数据包的重复发送会浪费大量带宽，因此也会增加服务器的负载。所以，传统的单播通信方式和广播通信方式不能有效地解决单点发送对多点接收的问题。IP 通信如图 3-26 所示。

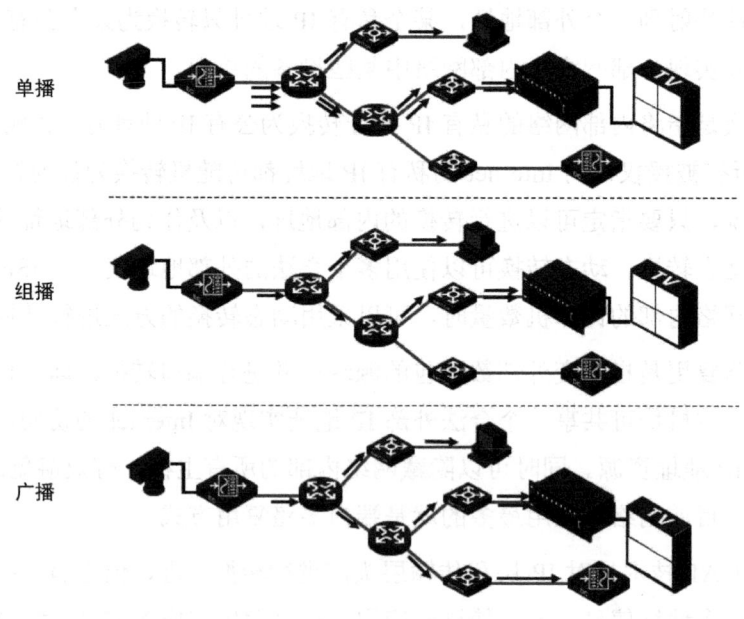

图 3-36　IP 通信

组播技术是指在 IP 网络中将数据包以尽力传送（Best-effort）的形式发送到网络中的某个确定节点子集，这个节点子集称为组播组（Multicast Group）。组播技术的基本思想是源 IP 主机只发送一份数据，这份数据中的目的地址为组播组地址；组播组中的所有接收者都可接收到同样的数据，并且只有组播组的主机（目标主机）可以接收该数据，网络中其他主机不能接收到该数据。组播组用 D 类 IP 地址（224.0.0.0～239.255.255.255）来标识。

根据协议的作用范围，组播协议分为主机—路由器协议，即组播成员管理协议，以及路由器—路由器协议，即组播路由协议。组播成员管理协议包括 IGMP（Internet Group Management Protocol，互联网组管理协议），组播路由协议又分为域内组播路由协议及域间组播路由协议两类。域内组播路由协议包括 PIM-SM（Protocol Independent Multicast-Sparse Mode，稀疏模式独立组播协议）、PIM-DM（Protocol Independent Multicast-Dense Mode，密集模式独立组播协议）、DVMRP（Distance Vector Multicast Routing Protocol，距离矢量组播路由选择协议）等，域间组播路由协议包括 MBGP（Multiprotocol Extensions for BGP-4，多协议边界网关协议）、MSDP（Multicast Source Discovery Protocol，组播源发现协议）等。同时为了有效抑制组播数据在二层网络中的扩散，还引入了 IGMP Snooping（Internet Group Management Protocol Snooping，互联网组管理协议窥探）等二层组播协议。

通过 IGMP 和二层组播协议，可以在路由器和交换机中建立起直联网段内的组成员关系，具体地说，就是哪个接口下有哪个组播组的成员。域内组播路由协议根据 IGMP 维护的组播组成员关系，运用一定的组播路由算法构造组播分发树，在路由器中建立组播路由状态，路由器根据这些状态进行组播数据包转发。域间组播路由协议根据网络中配置的域间组播路由策略，在自治系统（Autonomous System，AS）间发布具有组播能力的路由信息及组播源信息，使组播数据包能在域间进行转发。

由于 PIM（Protocol Independent Multicast，协议无关组播）无须收发组播路由更新，因此与其他组播协议相比，PIM 降低了许多开销。PIM 的设计出发点是在 Internet 范围内同时支持 SPT（Shortest Path Tree，最短路径树）和共享树，并在两者之间灵活转换，因此 PIM 集中了两者的优点并提高了组播效率。PIM 定义了两种模式：密集模式（PIM-DM）和稀疏模式（PIM-SM）。

（1）PIM-DM。PIM-DM 与 DVMRP 很相似，都属于密集模式协议，都采用了"扩散/剪枝"机制。同时，假定带宽不受限制，每个路由器都想接收组播数据包，则两者主要不同之处在于 DVMRP 采用内建的组播路由协议；而 PIM-DM 采用 RPF 动态建立 SPT。PIM-DM 模式适用于高速网络，组播源和接收者比较靠近，发送者少、接收者多，组播数据流比较大且比较稳定等几种情况。

（2）PIM-SM。PIM-SM 与基于"扩散/剪枝"机制的 PIM-DM 的根本差别在于，PIM-SM 是基于显式加入模型的，即接收者向汇合点（Rendezvous Point，RP）发送数据包，而路由器只在已加入某个组播组输出接口上转发组播组的数据包。PIM-SM 采用共享树进行组播数据包转发。每个组有一个 RP，组播源沿最短路径向 RP 发送数据包，再由 RP 沿最短路径将数据包发送到各个接收端。PIM-SM 主要优势之一是它不局限于通过共享树接收组播信息，还提供从共享树向 SPT 转换的机制。虽然从共享树向 SPT 转换减少了网络延迟，以及在 RP 上可能出现堵塞，但这种转换耗费了很多路由器资源，所以 PIM-SM 适用于有多对组播数据源和网络组数目较少的情况。

在承载视频监控业务的组播网络中，一般采用 PIM-SM 模式。

3.6 本章小结

本章介绍了视频监控系统中常见的音视频接口、网络数据接口、其他接口与线缆，重点介绍了目前市场上主流网络视频监控系统采用的数据通信基础知识，包括 OSI 参考模型与 TCP/IP 参考模型、子网的划分、特殊 IP 地址和数据通信技术，包括 POE 技术、VLAN 技术、路由技术、NAT 技术、组播技术。

第 4 章 视频数据存储技术

视频监控系统的一个重要作用是取证,前端采集到的海量视频图像数据能被高效、可靠、低成本的保存是安防行业一直在研究的问题。在大规模视频监控系统中,经济有效地实现海量存储和相对高处理性能,并实现系统性能和容量的按需扩展,实现前端存储、中心存储、客户端存储和客户监控中心存储相结合的灵活性需求,并解决随之而来的存储资源的管理和存储内容索引管理问题;在中小规模视频监控系统中,高性价比地实现高可靠性存储,在性能与成本间进行平衡,随着用户种类和数量的增加,实现不同用户安全使用和访问存储资源的认证和授权管理,这些都是视频存储应用实现可运行的基础条件。视频存储应用与普通的 IT 应用相比,视频存储应用对延时非常敏感,需要保持数据流量的相对稳定,不能大幅度抖动。本章主要阐述视频监控系统中存储的基础知识及特点。

4.1 存储技术基础

4.1.1 存储基础知识

时代的发展和科技的进步造就了当今便利的生活。存储在近百年间的发展也同样惊人,从以前选数管到现在的大型网络化磁盘阵列,都体现了存储发展的快速,选数管及穿孔纸带等都是由直观存储转化为机器存储的产物。

随着存储方式及介质的变化,存储的容量越来越大,存储的速度、效率越来越快,存储的可靠性也越来越高。从原来以 bit 为单位的存储容量到现在以 PB/EB 为单位的存储容量,从原来以 b/s 为单位的传输速度到现在以 GB/s 为单位的传输速度,从原来单一的存储方式到现在的网络化存储阵列的存储方式,存储的每一步发展都留下了坚实的脚印。

1. 读写性能

衡量存储性能的指标是 IOPS(Input/Output Operations Per Second)和带宽。IOPS 指每秒钟可服务多少个 I/O 请求。带宽指单位时间内的流量或吞吐量,一般以 MB/s 为单位,带宽等于块大小与 IOPS 的乘积。

应用服务器有顺序读写和随机读写两种读写方式。如果用一块磁盘来举例,顺序读写则是指磁头从磁盘上的某个扇区开始，依次连续访问此扇区之后的扇区；随机读写则是指磁头随机访问整个磁盘上的扇区。随机读写比顺序读写增加了磁头的寻址时间，所以一般随机读写的速度比顺序读写的速度慢很多。

顺序读写与随机读写的不同性能反映了存储性能的不同方面。顺序读写反映了存储的吞吐能力，一般用大数据块访问的带宽来衡量，关注的是存储提供的带宽；随机读写则表示存储对请求反应的快慢，关注的是反应时间，用 IOPS 来衡量。因为数据库应用访问存储时一般使用随机访问的方式，所以就需要存储设备提供很高的 IOPS。

2．硬盘结构与原理

硬盘中的数据实际存放在硬盘的盘片上。硬盘盘片一般采用硬质合金制成，表面被涂上了磁性物质，通过磁头的读写，将数据记录在其中，通常一个硬盘由若干张盘片叠加而成。硬盘磁头是硬盘读取数据的关键部件，它的主要作用就是将存储在硬盘盘片中的磁信息转化为电信号向外传输，而它的工作原理则是利用特殊材料的电阻值会随磁场变化的原理来读写盘片上的数据，硬盘磁头的好坏在很大程度上决定着硬盘盘片的存储密度。硬盘的传动部件包括传动手臂及传动轴，在传动手臂的末端安放了硬盘磁头，对数据进行读写。硬盘的主轴决定了硬盘的转速。在硬盘的反面，是一块 PCB 电路板，上面主要有硬盘的主控制芯片、缓存芯片和硬盘驱动芯片，用来控制盘片转动和磁头读写。硬盘结构如图 4-1 所示

图 4-1　硬盘结构

接口是硬盘与主机系统的连接模块，接口的作用就是将硬盘数据缓存内的数据传输到计算机主机内存或其他应用系统中。硬盘的接口包括电源接口和数据传输接口。常见的 IDE 硬盘、SATA 硬盘、SCSI 硬盘、FC 硬盘、SAS 硬盘等，主要是根据硬盘的接口来区分的。不同的接口类型会有不同的接口带宽，从而在一定程度上影响硬盘传输数据的快慢。

硬盘存储数据是根据电磁转换原理实现的。硬盘由一个或几个表面镀有磁性物质的金属或玻璃等物质盘片，以及盘片两面所安装的磁头和相应的控制电路组成，其中盘片和磁头密封在无尘的金属壳中。硬盘的工作原理如图 4-2 所示。

图 4-2　硬盘的工作原理

硬盘在工作时，盘片以设定转速高速旋转，设置在盘片表面的磁头则在电路控制下径向移动到指定位置然后将数据存储或读取出来。当系统向硬盘写入数据时，磁头中"写数据"电流产生磁场，使盘片表面的磁性物质状态发生改变，并在"写数据"电流磁场消失后仍保持不变，这样数据就被存储下来了；当系统从硬盘中读取数据时，磁头经过盘片指定区域，盘片表面磁场使磁头产生感应电流或使线圈阻抗产生变化，经相关电路处理后还原成数据。因此只要能将盘片表面处理得更平滑、磁头设计得更精密，以及尽量提高盘片的旋转速度，就能造出容量更大、读写数据速度更快的硬盘。这是因为盘片表面处理得越平滑、转速越快就能使磁头离盘片表面越近，从而提高读写灵敏度和读写速度；磁头设计得越小、越精密就能使磁头在盘片上占用空间越小，能使磁头在一张盘片上建立更多的磁道以存储更多的数据。

3．硬盘容量

（1）单碟容量：只是一个划分硬盘档次的参考指标，只能说明硬盘生产厂商的生产技术，对用户来说是没有区别的，只要硬盘的总体容量能达到要求就可以。硬盘都是由一个或几个盘片组成的，单碟容量就是指包括正反两面在内的每个盘片的总容量，单碟容量的提高就是盘片磁道密度的提高，盘片磁道密度的提高不但意味着提高了盘片的磁道数量，而且在磁道上的扇区数量也得到了提高。所以盘片转动一周，就会有更多的扇区被读出，相同转速的硬盘单碟容量越大，内部数据传输率就越快，此外单碟容量的提高还有利于硬盘寻道时间的缩短。

（2）容量：指硬盘能存储数据的数据量大小，单碟容量是指硬盘单张盘片上能存储的数据量大小，硬盘的数据存储密度越高就意味着硬盘的单碟容量越大。容量的计算方式有两种，一种是硬盘生产厂商的计算方式：1MB=1000KB=1000×1000Bytes；另一种则是计算机系统的计算方式：1MB=1024KB=1024×1024Bytes。由于这两种容量计算方式存在细微的差异，因此硬盘厂商公布的产品容量跟用户实际可用容量存在一些出入。

（3）有效容量。硬盘有效容量如表 4-1 所示，不同存储设备的硬盘有效容量不同。

表 4-1　硬盘有效容量

硬 盘 类 型	有效容量/GB
1TB SATA	931.5
2TB SATA	1863
3TB SATA	2794.5

4．硬盘转速

转速（Rotation Speed）是硬盘中马达主轴的旋转速度，也就是硬盘盘片在一分钟内能完成的最大转数。转速的快慢是标示硬盘档次的重要参数之一，也是决定硬盘内部传输速率的关键因素之一，能在很大程度上影响硬盘的速度。硬盘的转速越快，硬盘寻找文件的速度也就越快，相对的硬盘的传输速度也就会提高。硬盘转速以每分钟多少转来表示，单位为 rpm，rpm 是 revolutions perminuta minute 的缩写，意思是转/每分钟。rpm 的值越大，硬盘内部的传输速率就越快，访问时间就越短，硬盘的整体性能也就越好。

硬盘的主轴马达带动盘片高速旋转，产生浮力使磁头飘浮在盘片上方，所存取资料的扇区要带到磁头下方，硬盘转速越快，则等待时间也就越短。因此转速在很大程度上决定了硬盘的速度。但这也并不是绝对的，因为除硬盘转速以外，运算法则等非硬件因素也决定着硬盘的速度。虽然硬盘的转速越快越好，但是硬盘转速越快，发热量也会越大。

家用普通硬盘的转速一般有 5400rpm、7200rpm 等几种，高转速硬盘是现在台式计算机的首选，而笔记本式计算机则是以 4200rpm、5400rpm 转速的硬盘为主。虽然已经有公司发布了 7200rpm 的笔记本式计算机硬盘，但服务器对硬盘性能的要求最高，服务器基本采用转速为 7200rpm 的 SCSI 硬盘，甚至还有 15000rpm 转速的硬盘。

较高的转速可缩短硬盘的平均寻道时间和实际读写时间，但随着硬盘转速的不断提高，也会带来温度升高、马达主轴磨损加大、工作噪音增大等负面影响，笔记本式计算机硬盘的转速低于台式计算机硬盘的转速，在一定程度上也是受这些因素的影响。笔记本式计算机内部空间狭小，其硬盘的尺寸（2.5 寸）也比台式计算机硬盘（3.5 寸）的尺寸小。转速提高造成的温度上升，对笔记本式计算机本身的散热性能提出了更高的要求；转速提高造成的噪音变大，使其又必须采取必要的降噪措施，转速提高带来的负面影响对笔记本式计算机硬盘的制造技术提出了更多要求。同时硬盘转速提高，其他性能维持不变，则意味着马达的功耗将增大，单位时间内消耗的电就越多，电池的工作时间就会缩短，笔记本式计算机的便携性就会受到影响。因此笔记本式计算机一般采用转速相对较低的硬盘，如转速为 5400rpm 的硬盘。

转速是随着硬盘马达的提高而改变的，现在液态轴承马达（Fluid Dynamic Bearing Motors）已全面代替传统的滚珠轴承马达。液态轴承马达通常用于机械工业，使用的是黏膜液油轴承，以油膜代替滚珠，这样可以避免金属面的直接摩擦，将噪声及温度降至最低；同时油膜可有效吸收震动，使硬盘抗震能力得到提高，更可减少磨损，提高寿命。

5．硬盘缓存

缓存（Cache Memory）是硬盘控制器上的一块内存芯片，具有极快的存取速度，是硬盘内部存储和外界接口之间的缓冲器。由于硬盘的内部数据传输速度和外界的传输速度不同，因此缓存在其中起到一个缓冲的作用。当磁头从硬盘盘片上将磁记录转化为电信号时，硬盘会临时性地将数据暂存到数据缓存中，当数据缓存中的暂存数据传输完毕后，硬盘会清空缓存，然后进行下一次的填充与清空。硬盘填充、清空和再填充的周期与主机系统总线的周期一致。缓存的大小与速度是影响硬盘传输速度的重要因素，大容量的缓存能够大幅度地提高硬盘的整体性能。当硬盘存储零碎数据时，需要不断地在硬盘与内存之间交换数据，如果有大容量缓存，则可以将零碎数据暂存在缓存中，减小外系统的负荷，还能提高数据的传输速度。原来的硬盘缓存以 EDO DRAM 为主，现在的硬盘缓存一般以 SDRAM 为主。

硬盘缓存主要有 3 种作用。一是预读取，当硬盘受到 CPU 指令控制开始读取数据时，硬盘上的控制芯片会控制磁头把正在读取的簇的下一个或几个簇中的数据读到缓存中（由于硬盘在数据存储时是比较连续的，因此读取命中率较高）；当需要读取下一个或几个簇中的数据时，硬盘则不需要再次读取数据，直接把缓存中的数据传输到内存中就可以，由于缓存的速度远远高于磁头读写的速度，因此能够达到明显改善硬盘性能的目的。二是对写入动作进行缓存，当硬盘接到写入数据的指令之后，并不会马上将数据写入盘片，而是先暂时存储在缓存中，然后发送一个"数据已写入"的信号给系统，这时系统就会认为数据已经写入，并继续执行下面的工作，而硬盘则在空闲（不进行读取或写入）时再将缓存中的数据写入盘片。这种方式虽然对写入数据的性能有了一定提升，但也不可避免地带来了安全隐患——如果数据还在缓存中时突然掉电，那么这些数据就会丢失。对于这个问题，硬盘厂商自然也有解决办法，当掉电时，磁头会借助惯性将缓存中的数据写入零磁道以外的暂存区域，等到下次启动时再将这些数据写入目的地。三是临时存储最近访问过的数据，有时候，某些数据是需要经常访问的，硬盘内部的缓存将读取比较频繁的一些数据存储在缓存中，当再次读取时就可以直接从缓存中传输。

缓存容量的大小、品牌、型号不同的缓存产品各不相同，早期的硬盘缓存都很小，只有几百 KB，已无法满足用户的需求。现今主流硬盘采用 8MB 缓存，而在服务器或特殊应用领域中还有更大容量的缓存产品，甚至达到了 32MB、64MB 缓存等。

大容量的缓存虽然可以在硬盘进行读写的工作状态下，让更多的数据存储在缓存中，以提高硬盘的访问速度，但并不意味着缓存越大硬盘就越出众。缓存的应用存在一个算法问题，即便缓存容量很大，但若没有一个高效率的算法，就将导致应用中缓存数据的命中率偏低，无法有效发挥出大容量缓存的优势。算法是和缓存容量相辅相成的，大容量的缓存需要更有效率的算法，否则性能就会大打折扣，从技术角度上说，高容量缓存的算法是直接影响硬盘性能发挥的重要因素。更大容量的缓存是未来硬盘发展的必然趋势。

6. 硬盘寻道时间

（1）寻道时间：指硬盘磁头移动至指定磁道查找相应目标数据所用的时间。寻道时间是描述硬盘读取数据能力的关键标志之一，单位为 ms（毫秒）。寻道时间越短，硬盘的读写速度就会越快。一般来说，当硬盘的转速增高时，其平均寻道时间将减少；当硬盘单碟容量增大时，磁头的寻道动作和移动距离也将减少，从而可以减小平均寻道时间，加快硬盘速度。

（2）最大寻道时间：从最内道到最外道或从最外道到最内道所需的时间。

（3）最小寻道时间：磁头从所在磁道移动到相邻磁道所需的时间。

7. 温度对硬盘可靠性影响

硬盘的工作状况和使用寿命与温度有很大的关系，硬盘使用时以 20℃～25℃为宜，温度过高或过低都会使硬盘的晶振的时钟频率发生变化。温度过高会造成硬盘中电路元件失灵，存储介质也会因热胀效应而记录错误；而温度过低，空气中的水分会被凝结在电路元件上，造成非常严重的短路。

硬盘是个精密的设备，对环境的要求非常严格，不单是温度，环境的震动、灰尘、湿度、污染物、散热等都会影响硬盘的正常工作。因此保持良好的运行环境是提高硬盘寿命及硬盘可靠性的基础。

8. 上电时间对硬盘可靠性影响

一般电子产品的失效率是随时间变化的，通常失效率函数曲线呈浴盆截面形状，也称为"浴盆曲线"（见图 4-3）。浴盆曲线分别对应电子产品的 3 个不同时期。曲线左边部分失效率呈递减状，称为早期失效期，在此期间，由于设计、制造工艺上的缺陷等原因，产品一开始失效较高，随着时间推移，表现出急剧下降的状态。曲线中间的平坦部分失效率保持恒定，称为偶然失效期，在此期间，产品的失效率趋于稳定，产品的失效率最低，也最稳定，是产品的有效使用期。曲线的右边部分失效率呈递增状，称为耗损失效期，在此期间，产品由于使用日久而逐渐老化、磨损、疲劳，因此失效率急剧增加。

图 4-3　浴盆曲线

通常硬盘的可靠性指标用 MTBF（平均无故障工作时间）表示，硬盘失效率的单位为 FIT，$1FIT=10^{-9}/h$。

通常硬盘偶然失效的 MTBF 为 30~60 万 h 不等，年返修率为 1%~3%（包括软故障）。

通常认为硬盘的早期失效期为第 1 年的使用时间，早期失效期的失效率为偶然失效期失效率的 2~4 倍。早期失效期的故障主要是硬盘的设计、制造工艺问题，或者硬盘操作者不正确的使用造成的。

通常硬盘的设计寿命（或服务寿命）为 5 年。对于设计寿命，硬盘资料都会给出等价的上电时间，如有资料称某硬盘的设计寿命 5 年等价于 15000h 的上电时间，也有的硬盘资料称某硬盘的设计寿命 5 年等价于 20000h 的上电时间。影响硬盘设计寿命的因素主要是磁头、电机、轴承等运动的机械件。

MTBF，即平均无故障工作时间，英文全称是"Mean Time Between Failure"。MTBF 是衡量一个产品（尤其是电器产品）的可靠性指标，单位为 h，它反映了产品的时间质量，是体现产品在规定时间内保持功能的一种能力。具体来说，MTBF 是指产品相邻两次故障之间的平均工作时间，也称平均故障间隔时间，仅适用于可维修产品。同时规定产品在总的使用阶段累计工作时间与故障次数的比值为 MTBF。

8．硬盘类型

（1）传统硬盘（Hard Disk Drive，HDD）：是最基本的计算机存储器，计算机中常说的 C 盘、D 盘都属于硬盘驱动器。目前，传统硬盘一般常见的硬盘容量为 80GB、128GB、

160GB、256GB、320GB、500GB、750GB、1TB、2TB 等。传统硬盘按体积大小可分为 3.5 寸、2.5 寸、1.8 寸等，按转数可分为 5400rpm、7200rpm、10000rpm 等，按接口可分为 PATA、SATA、SCSI 等。PATA、SATA 接口一般为桌面级应用，容量大，价格相对较低，适合家用；而 SCSI 接口一般为适用于服务器、工作站等高端应用，容量相对较小，价格较贵，但性能较好，稳定性也较高。传统硬盘也是在视频监控系统中使用最多的类型。

（2）混合硬盘（Hybrid Hard Drive，HHD）：是既有传统硬盘又有闪存（Flash Memory）模块的大容量存储设备。闪存模块可处理存储中写入或恢复最频繁的数据。混合硬盘的优点有应用中数据存储与恢复更快、功耗降低、延长硬盘寿命等。

（3）固态硬盘（Solid State Drive，SSD）：是用固态电子存储芯片阵列制成的硬盘，由控制单元和存储单元（FLASH 芯片、DRAM 芯片）组成。固态硬盘在接口的规范和定义、功能及使用方法上与普通硬盘完全相同，在产品外形和尺寸上也完全与普通硬盘相同。固态硬盘拥有读写速度快、防震、抗摔性好、低功耗、无噪音、工作温度范围大等优点。

9. 硬盘接口

硬盘接口分为 IDE、SATA、SCSI、SAS 和光纤通道 5 种。IDE 接口的硬盘多应用于家用领域，部分应用于服务器领域，SCSI 接口的硬盘主要应用于服务器领域；光纤通道只应用于高端服务器领域，且价格昂贵；SATA 接口的硬盘主要应用于家用领域，有 SATA 1.0、SATA 2.0、SATA 3.0，是现在的主流。

（1）IDE（Integrated Drive Electronics），即电子集成驱动器。常见的是 2.5 英寸的 IDE 硬盘接口，是把硬盘控制器与盘体集成在一起的硬盘驱动器。硬盘控制器与盘体集成在一起的做法减少了硬盘接口的电缆数目与长度，数据传输的可靠性得到了增强，使制造硬盘变得更容易，因为硬盘生产厂商不需要再担心自己生产的硬盘是否与其他厂商生产的控制器兼容。对用户而言，硬盘安装也更为方便。IDE 接口从诞生至今就一直在不断发展，性能也在不断提高，其拥有的价格低廉、兼容性强等特点，为其造就了其他类型硬盘接口技术无法替代的地位。

（2）SATA（Serial ATA）接口的硬盘又叫串口硬盘。SATA 采用串行连接方式，串行 ATA 总线使用嵌入式时钟信号，具备更强的纠错能力。与以往的连接方式相比，SATA 最大的区别在于能对传输指令（不仅仅是数据）进行检查，如果发现错误就会自动矫正，这在很大程度上提高了数据传输的可靠性。SATA 接口还具有结构简单、支持热插拔的优点。SATA 1.0 的数据传输率可达 150MB/s，这比目前最新的并行 ATA（即 ATA/133）所能达到 133MB/s 的最高数据传输率还高；SATA 2.0 的数据传输率将达到 300MB/s，最终 SATA 3.0 将实现 600MB/s 的最高数据传输率。硬盘信息表如表 4-3 所示。

表 4-3 硬盘信息表

版本	带宽/(Gb/s)	速度/(MB/s)	数据线最大长度/m
SATA 1.0	1.5	150	1
SATA 2.0	3	300	1.5
SATA 3.0	6	600	2

（3）SCSI（Small Computer System Interface），即小型计算机系统接口。SCSI 是一种用于计算机和智能设备（硬盘、软驱、光驱、打印机、扫描仪等）之间系统级的独立处理器标准接口，是一种智能的通用接口，可以与多种类型的外设进行通信。SCSI 采用 ASPI（高级 SCSI 编程接口）的标准软件接口使驱动器和计算机内部安装的 SCSI 适配器可以通信。SCSI 接口广泛应用在小型机上的高速数据传输技术中。

（4）SAS（Serial Attached SCSI），即串行连接 SCSI。序列式 SCSI 是一种计算机集线的技术，其功能主要是作为周边设备的数据传输，如硬盘、CD-ROM 等设备。序列式 SCSI 由并行式 SCSI 物理存储接口演化而来，与并行式相比，序列式能提供更快速的通信传输速度和更简易的配置。此外 SAS 支持与序列式 ATA（SATA）设备兼容，且两者可以使用相似的电缆。

（5）光纤通道（Fibre Channel，FC）。光纤硬盘是为提高多硬盘存储系统的速度和灵活性才开发的，它的出现大大提高了多硬盘系统的通信速度。光纤硬盘是拥有光纤通道接口的硬盘，拥有此接口的硬盘在使用光纤连接时具有热插拔性、高速带宽（4Gb/s）、远程连接等特点，但限制于其高昂的售价，通常用于高端服务器领域。

4.1.2 存储架构

按照存储架构划分，目前主流的存储有 DAS（Direct Attached Storage，直接连接存储）、NAS（Network Attached Storage，网络附加存储）和 SAN（Storage Area Network，存储区域网络）3 种存储模式，其发展的动力源于系统对转发和存储的要求不断提高，大型复杂的系统推动了存储架构的发展。

（1）DAS 采用 SCSI 和 FC 技术，将外置存储设备通过光纤直接连接到一台计算机上，数据存储是整个服务器架构的一部分。

（2）NAS 是一种专业的网络文件服务器，或者可称为网络附加存储，使用 NFS 或 CIFS 协议，通过 TCP/IP 进行文件级访问。

（3）SAN 是以数据存储为中心的专用存储网络，网络结构可伸缩，可实现存储设备和应用服务器之间数据块级的 I/O 数据访问。按照所使用的协议和介质，SAN 分为 FC-SAN 和 IP-SAN。

1. DAS

在 DAS 存储架构中,当需要增加系统存储容量时,一般采用增加磁盘阵列 RAID 的方式。用于 DAS 的存储设备可以是磁带、磁盘、磁盘阵列和磁带库,典型的 DAS 存储设备是各类磁盘阵列,磁盘阵列提供自动备份功能,因为在大型的监控存储中不允许丢失数据,所以提供 RAID 功能的方式很重要。

DAS 架构简单,但 DAS 存储设备与服务器直接相连,导致连接的存储设备及其存储的数据有限,还会使整个系统中的数据分散、共享和管理比较困难。另外,由于客户机的数据访问必须通过服务器,经过 I/O 总线访问相应的存储设备,因此当客户机连接数增多时,I/O 总线将成为一个潜在的瓶颈。DAS 无法实现物理存储设备对多服务器的物理共享,目前虽然单台存储设备的容量会不断提高,但随着系统整体存储容量和存储资源服务器数量的增加会造成存储设备的使用效率、管理、维护,以及应用软件的开发成本增加。

因此,在选择存储系统的物理存储方式时,在对中心存储容量和性能要求不高的情况下,DAS 仍然是理想的选择。

DAS 的优点。

(1) DAS 采用以服务器为核心的架构,系统建设初期成本比较低。

(2) 维护比较简单。

(3) 小规模应用比较合适。

DAS 的缺点。

(1) 在 DAS 架构下,数据的读写完全依赖服务器,数据增长后,服务器响应性能下降。

(2) DAS 的架构决定了其很难实现集中管理,整体拥有较高成本。

(3) 没有公共管理系统,数据的备份和恢复需要在服务器上单独做。

(4) 不同的服务器连接不同的磁盘,相互之间无法共享存储资源,容量再分配很困难。

(5) DAS 连接方式导致服务器和存储设备之间的连接距离有限制。

2. NAS

NAS 是在 TCP/IP 基础上提供文件的存储服务,NAS 适用于通过 LAN 传输存储文件和共享文件,客户端直接通过 NAS 系统实现与存储设备之间的数据交互。NAS 作为一种网络附加存储设备,采用嵌入式技术,具有无人值守、高度智能、性能稳定、功能专一等特点。

NAS 存储体系如图 4-4 所示，NAS 存储设备在功能上独立于网络中的主服务器，不占用服务器资源。NAS 产品直接通过网络接口连接到网络上，简单地配置 IP 地址后，就可以被网络上的用户共同使用。NAS 可以直接运行文件系统，如 NFS、CIFS 等文件系统，另外通过设置 NAS 可以实现不同客户端之间的数据共享。一般 NAS 设备内置优化的独立存储操作系统，可以有效地释放系统总线资源，全力支持 I/O 存储，提供文件级共享服务，广泛支持各种操作系统及应用。另外，由于 NAS 设备直接接入网络中，所以整个系统的扩展性好、安装简单、使用方便。同时 NAS 设备一般集成本地的备份软件，可以不经过服务器将 NAS 设备中的重要数据进行本地备份，而且 NAS 设备提供硬盘 RAID、冗余的电源、风扇和控制器，可以保证运行稳定。

图 4-4　NAS 存储体系

NAS 自身的共享设计使其非常适合流媒体行业，而且就目前的存储发展趋势来讲，NAS 和 SAN 之间的界限越来越模糊，许多厂商的 NAS 产品既支持 IP 访问又支持 FC-SAN 访问，由此造成了 NAS 的多种连接方式。

NAS 的优点。

（1）NAS 将服务器解脱出来，服务器不再是系统的瓶颈。

（2）NAS 的部署简单，不需要特殊的网络建设投资，通常只需要网络连接。

（3）NAS 服务器的管理非常简单，一般都支持 Web 的客户端管理。

（4）NAS 设备的物理位置非常灵活。

（5）NAS 允许用户通过网络存取数据，无须应用于服务器。

NAS 的缺点。

（1）在 NAS 下处理网络文件系统 NFS 或 CIFS 需要很大的开销。

（2）NAS 只提供文件级别而不是块级别的服务，不适合大多数数据库及部分视频存储应用。

（3）客户对硬盘没有完全的控制，如不能随便格式化硬盘。

（4）由于 NAS 在数据传输时对带宽资源的消耗较大，因此 NAS 系统的性能受到网络负载的限制。在增加主机后对性能的负面影响方面，NAS 的表现不如 SAN。

3. SAN

SAN 是一种以网络为中心的存储结构，与普通以太网不同，SAN 是位于服务器后端，为连接服务器、磁盘阵列、带库等存储设备而建立的高性能专用网络。SAN 包含多种元素，如适配器、磁盘阵列、交换机等，因此 SAN 是一个网络系统而不是一个独立的设备。SAN 以数据存储为中心，采用可伸缩的网络拓扑结构，通过具有高传输速率的光通道直接连接，提供 SAN 内部任意节点之间的多路可选择数据交换，并且将数据存储管理集中在相对独立的存储区域网中。SAN 存储体系如图 4-5 所示。

图 4-5 SAN 存储体系

与 DAS 和 NAS 相比，SAN 的优势在于所有的数据处理都不是由服务器完成的。SAN 可以将存储设备、连接设备和接口集成在一个高速网络中，它本身就是一个存储网络，承担了主网络的数据存储任务。在 SAN 中，所有的数据传输在高速的网络中进行，

SAN 实现的是直接对物理硬件的块级存储访问，提高了存储的性能和升级能力。

根据存储网络所采用的传输协议和物理介质不同，SAN 可以分为 FC-SAN（采用光纤传输）和 IP-SAN（采用以太网传输）等多种实现方式。FC-SAN 采用高速的光纤通道构成存储网络，是 SAN 的主流实现方式，FC-SAN 传输速率快，但造价高。随着 IP 技术的不断成熟和发展，基于 IP 的 SAN 存储可以通过以太网传输，组网灵活、扩展性好，集合了以太网和 IP 的开放性及块存储等多方面的优点，并以 IP iSCSI 替代光纤通道协议实现端到端的 SAN 存储。

SAN 的优点。

（1）开放的后端网络共享方式，在增加存储设备时具有更大的灵活性。

（2）可以建设专用存储区网络，性能高、带宽高。

（3）支持数据库等应用。

SAN 的缺点。

（1）后端光纤交换设备价格偏高、投资较大。

（2）文件的处理在服务器上，对前端服务器配置有较高的要求。

（3）在大量小文件读写性能上没有优势。

（4）对管理维护人员的技术水平要求比较高。

4.2 磁盘阵列技术

磁盘阵列（Redundant Array of Independent Disks，RAID）技术是由美国加州大学伯克利分校 D.A.Patterson 教授在 1988 年提出的。RAID 技术作为高性能、高可靠的存储技术，在今天已经得到了广泛的应用。

RAID 技术为独立冗余磁盘阵列，将一个个单独的磁盘以不同的方式组合成一个逻辑磁盘，从而提高了磁盘读取的性能和数据的安全性。不同的组合方式用不同的 RAID 级别来标识，不同的 RAID 级别代表不同的存储性能、数据安全性和存储成本。在 RAID 的各个级别中，使用广泛的是 RAID 0、RAID 1、RAID 5、RAID 6、RAID 10、RAID 50，在视频监控系统中，使用广泛的是 RAID 5。RAID 类型区分如表 4-4 所示。

表 4-4 RAID 类型区分

RAID 0	数据条带化，无校验
RAID 1	数据镜像，无校验
RAID 5	数据条带化，校验信息分布式存放
RAID 6	数据条带化，校验信息分布式存放，允许损坏 2 块磁盘

续表

| RAID 10 | RAID 0 和 RAID 1 的结合，同时提供数据条带化和镜像 |
| RAID 50 | 先做 RAID 5，后做 RAID 0，能有效提高 RAID 5 的性能 |

4.2.1 RAID 0

RAID 0 为无容错条带磁盘阵列。RAID 0 以条带的形式将数据均匀地分布在阵列的各个磁盘上。RAID 0 在存储数据时，由 RAID 控制器将数据分割成大小相同的数据条，同时写入阵列并联的磁盘中；RAID 0 在读取数据时，也是按顺序从磁盘阵列中读取后，再由 RAID 控制器进行组合。构成 RAID 0 至少需要 2 块磁盘。RAID 0 磁盘阵列如图 4-6 所示。

图 4-6　RAID 0 磁盘阵列

RAID 0 可以并行地执行读写操作，可以充分利用总线的带宽。理论上讲，一个由 N 个磁盘组成的 RAID 0 系统，它的读写性能将是单个磁盘读取性能的 N 倍，且磁盘空间的存储效率最大（100%）。RAID 0 的缺点是不提供数据冗余保护，一旦磁盘损坏，存储的数据将无法恢复。

RAID 0 的特点使它适用于对存储性能要求较高，而对数据安全要求并不高的领域。

4.2.2 RAID 1

RAID 1 又称为 Mirror 或 Mirroring，中文为镜像。RAID 1 将完全一致的数据分别写到两组磁盘中，当一组包含的磁盘数为 N 时，RAID1 阵列所需的磁盘总数为 $2N$。通过两组磁盘存放同一份数据，RAID 1 实现了 100%的数据冗余。RAID 1 磁盘阵列如图 4-7 所示。

RAID 1 和 RAID 0 的读写方式完全不同。例如，RAID 1 磁盘阵列包含两个磁盘，写入时，RAID 控制器并不是将数据分成条带，而是将数据同时写入两个磁盘；读取时，先从一个磁盘中读取数据,如果读取成功,那么就不用读取另一个磁盘中的数据,如果任何一个磁盘的数据出现问题,那么就可以马上从另一个磁盘中读取,不会造成工作任务的间断。两个磁盘是相互镜像的关系,可以相互恢复。

图 4-7　RAID 1 磁盘阵列

RAID 1 磁盘阵列通过镜像冗余方式实现理论上两倍的读取速度,但它的写性能没有明显的改善,另外 RAID 1 的磁盘空间利用率低,只有 50%。

RAID 1 的技术重点是如何在不影响性能的情况下最大限度地保证系统的可靠性和可修复性,RAID 1 在需要高可用性的数据存储环境,如财务、金融等环境中得到了广泛应用。

4.2.3　RAID 5

RAID 5 在 RAID 0 的基础上增加了校验信息,不同磁盘上处在同一带区的数据做异或运算得到校验信息,校验信息均匀地分散到各个磁盘上。当一个数据盘损坏时,系统可以根据同一带区的其他数据盘和对应的校验信息来重构损坏的数据。RAID 5 磁盘阵列如图 4-8 所示。

图 4-8　RAID 5 磁盘阵列

RAID 5 可以为系统提供数据安全保障，保障程度比 RAID 1 低，磁盘空间利用率比 RAID 1 高。RAID 5 具有和 RAID 0 相近的数据读取速度，只是多了一个奇偶校验信息，写入数据的速度比单个磁盘写入数据的速度稍慢。同时由于多个数据对应一个奇偶校验信息，因此 RAID 5 的磁盘空间利用率比 RAID 1 高，存储成本相对较低。

RAID 5 的整体性能良好，但在做写操作时，需要读取同一带区其他磁盘的数据，计算校验值并写入相应的校验盘中，所以它在写操作上的表现中等。

RAID 5 有着复杂的控制器设计，当更换了损坏的磁盘之后，系统必须逐个数据块地重建坏盘中的数据，耗费的时间长，也比较占用 CPU 资源。

RAID 5 既能实现读性能的提升，又能保证数据的安全性，目前在存储市场中应用非常广泛。

4.2.4　RAID 6

RAID 6 是在 RAID 5 的基础上，为了进一步加强数据保护而设计的一种 RAID 磁盘阵列，实际上是 RAID 5 的扩展。RAID 6 与 RAID 5 的不同之处在于，RAID 6 除每个磁盘上都有同级数据 XOR 校验区外，还有一个针对每个数据块的 XOR 校验区。当然，当前磁盘数据块的校验数据不可能存储在当前磁盘，而是交错存储的，具体形式如图 4-9 所示，相当于每个数据块都有了两个校验保护屏障（一个是分层校验，一个是总体校验），因此 RAID 6 的数据冗余性能相当好。但是，由于 RAID 6 增加了一个校验区，因此写入数据的效率较 RAID 5 差，而且控制系统的设计也更为复杂，第二块校验区减少了 RAID 6 的有效存储空间。

图 4-9　RAID 6 磁盘阵列

与 RAID 5 相比，RAID 6 增加了第二个独立的奇偶校验信息区。两个独立的奇偶检验信息区使用不同的算法，数据的可靠性非常高，即使两块磁盘同时失效也不会影响数据的使用。但 RAID 6 需要分配给奇偶校验信息区更大的磁盘空间，相较 RAID 5 有更大的"写损失"，RAID 6 的"写性能"非常差。较差的性能和复杂的实施方式使 RAID 6 在实际中很少得到应用。

4.2.5　RAID 10

RAID 10 是 RAID 0 与 RAID 1 的结合体，它利用奇偶校验实现条带集镜像，所以它继承了 RAID 0 的快速性和 RAID 1 的安全性。RAID 1 在 RAID 10 中就是一个冗余的备份阵列，RAID 0 则负责数据的读写阵列，这只是 RAID 10 的一种情况，更多的情况是从主通路分出两路，做 Striping 操作，即把数据分割，分出来的每路再分两路，做 Mirroring 操作，即互做镜像。RAID 10 磁盘阵列如图 4-10 所示。

图 4-10　RAID 10 磁盘阵列

RAID 10 对存储容量的利用率和 RAID 1 一样低，只有 50%。RAID 10 有高可靠性和高效的磁盘结构（一个带区结构加一个镜像结构），可以达到既高效又高速的目的，RAID 10 能提供比 RAID 5 更好的性能，但 RAID 10 的可扩充性不好。RAID 10 在实际中被广泛应用，但价格比较昂贵。

4.2.6　RAID 50

RAID 50 是 RAID 5 与 RAID 0 的结合体，这种配置会在 RAID 5 子磁盘组的每个磁盘上进行包括奇偶信息在内的数据剥离，每个 RAID 5 子磁盘组都要求有 3 个磁盘。RAID 50 具备更高的容错能力，因为当某个子磁盘组中有一个磁盘出现故障后，不会造成数据丢失。因为奇偶位分布在 RAID 5 子磁盘组上，所以 RAID 50 的重建速度有很大的提高。

RAID 50 具有 RAID 5 和 RAID 0 的共同特性。RAID 50 由两组 RAID 5 磁盘组成（每组最少 3 个磁盘），每组都使用了分布式奇偶位，而两组磁盘再组建成 RAID 0，实现跨磁盘抽取数据。RAID 50 提供可靠的数据存储和优秀的整体性能，并支持更大的卷尺寸，即使两个物理磁盘（每个阵列中的一个）发生故障，数据也可以顺利恢复过来。RAID 50 磁盘阵列如图 4-11 所示。

图 4-11　RAID 50 磁盘阵列

RAID 50 最少需要 6 个驱动器，它最适合需要高可靠性存储、高读取速度、高数据传输性能的应用，这些应用包括事务处理和有许多用户存取小文件的办公应用程序。

4.2.7　JBOD

JBOD（Just Bundle of Disks）译成中文是简单磁盘捆绑，通常又称为 Span（磁盘簇），是在一个底板上安装的，带有多个磁盘驱动器的存储设备。JBOD 不是标准的 RAID 类磁盘阵列，它只是在近几年才被一些厂商提出，并被广泛应用。

JBOD 在逻辑上把几个物理磁盘一个接一个串联到一起，从而提供一个大的逻辑磁盘。JBOD 简单地从第一个磁盘开始存储数据，当第一个磁盘的存储空间用完后，再依次从后面的磁盘开始存储数据。

JBOD 的存取性能完全等同于单一磁盘的存取操作，也不提供数据安全保障。JBOD 只是简单地提供一种利用磁盘空间的方法，它的存储容量等于组成 JBOD 的所有磁盘的容量总和。

JBOD 的优势在于成本低廉，主要应用在商务成本低和对可靠性要求不高的场景。例如，监控系统中价格较为便宜的低端 ECR/NVR 设备，当磁盘容量不够时可以应用 JBOD。

4.2.8　磁盘阵列技术小结

（1）RAID 0：性能在所有磁盘阵列中是最好的，磁盘利用率最高，但是它不提供任何形式的冗余策略，可靠性差。

（2）RAID 1：磁盘利用率低，需要两倍存储空间，相同存储需求下成本比较高。

（3）RAID 5：性能、可靠性、磁盘利用率等综合性较好，使用最广泛，在监控系统中也是应用最多的一种磁盘阵列。

（4）RAID 6：可靠性高，有两块冗余磁盘，可以同时故障两块磁盘，但是需要二次计算校验，写入性能较 RAID 5 差。

（5）RAID 10：综合了 RAID 0 和 RAID 1 各自的优点，可靠性高、性能好，但磁盘利用率低，和 RAID 1 一样需要两倍存储空间。

（6）RAID 50：读性能好、可靠性高，可以支持多块磁盘冗余，但是故障磁盘需要位于不同的 RAID 5 子磁盘组。

（7）JBOD：性能差，没有冗余，但是实现方式简单，商务成本低。

4.3 云存储技术

云存储技术是在云计算（Cloud Computing）概念上延伸和发展出来的，具体指通过集群应用、网络技术或分布式文件系统等技术，将网络中大量不同类型的存储设备通过应用软件集合起来协同工作，共同对外提供数据存储和业务访问功能的一种技术。与传统的存储设备相比，云存储不仅是一个硬件，还是一个网络设备、存储设备、服务器、应用软件、公用访问接口、接入网和客户端程序等多个部分组成的复杂系统。用户可以通过若干种方式来使用云存储，并按使用方式（时间、空间或两者结合）付费。

云存储有三种模式：公有云、私有云、混合云。

公有云是面向大众提供计算资源的模式。公有云由商业机构、学术机构或政府机构拥有、管理和运营，在服务提供商的场所内部署。用户可以通过互联网使用公有云，根据使用情况付费或通过订购的方式付费。

公有云的优势是成本低，扩展性非常好；缺点是对云端的资源缺乏控制，保密数据的安全性低，有网络性能差和匹配性差等问题。公有云的提供商有 Amazon、Google 和 Microsoft 等。公有云如图 4-12 所示。

在私有云模式中，云平台的资源为包含多个用户的单一组织专用，私有云可由该组织、第三方或两者联合拥有、管理和运营。私有云的部署场所可以在机构内部，也可以在机构外部。下面是私有云的两种实现形式。

（1）内部（On-premise）私有云：也称内部云，由组织在自己的数据中心内构建，如图 4-13（a）所示。虽然内部私有云在规模和资源的可扩展性上有局限，但有利于标准化云服务管理流程和安全性，组织依然要为物理资源承担资金成本和维护成本。内部私有云模式适用于需要对应用、平台配置和安全机制完全控制的机构。

图4-12　公有云

（2）外部（Off-premise）私有云：部署在组织外部，由第三方机构负责管理，如图4-13(b)所示。第三方机构为该组织提供专用的云环境，并保证隐私和机密性。外部私有云相对内部私有云成本更低，也更便于扩展业务规模。

（a）内部私有云　　　　　　　　　　　（b）外部私有云

图4-13　私有云类型

在混合云模式中，云平台由两种不同模式（私有或公有）的云平台组合而成，这些云平台依然是独立的实体，但利用标准化或专有技术实现绑定，彼此之间能够进行数据和应用的移植（如不同云平台之间的均衡）。混合云如图4-14所示。

在混合云模式中，一个机构可以将次要的应用和数据都部署到公有云上，充分利用公有云在扩展性和成本上的优势，同时可以将任务关键型应用和数据都部署到私有云上，这样安全性更高。

云存储系统的结构模型有4层：存储层、基础管理层、应用接口层和访问层。

图 4-14 混合云

存储层是云存储系统的基础部分。存储层的存储设备可以是 FC 光纤通道，可以是 NAS 和 iSCSI 等 IP 存储设备，也可以是 SCSI 或 SAS 等 DAS 存储设备。存储层的存储设备数量多且分布在不同区域，彼此之间通过广域网、互联网或 FC 光纤通道网络连接在一起。

基础管理层是云存储系统的核心部分，也是云存储系统最难实现的部分。基础管理层通过集群系统、分布式文件系统和网络计算等技术，实现云存储中多个存储设备之间的协同工作，使多个存储设备可以对外提供同一种服务，并提供更大、更强、更好的数据访问性能。

应用接口层是云存储系统中灵活多变的部分。不同的云存储运营单位可以根据实际业务类型，开发不同的应用服务接口，提供不同的应用服务。

在访问层，任何一个授权用户都可以通过标准的公共应用接口来登录云存储系统，享受云存储服务。云存储的运营单位不同，云存储系统提供的访问类型和访问手段也不同。云存储系统如图 4-15 所示。

云存储系统的优势。

（1）按实际所需空间租赁使用，按需付费，有效降低企业实际购置设备的成本。

（2）无须增加额外的机房、机柜、硬件设施或配备专人负责维护，减少管理难度。

（3）数据复制、备份、服务器扩容等工作交由云存储系统的提供商执行，可集中精力做自己的主业。

（4）随时提供业务需求，对云存储空间进行在线扩展或增减，存储空间灵活可控。

图 4-15　云存储

4.4　视频监控中的存储应用

视频监控行业随着智慧城市、智能交通的快速发展和前端摄像头的快速激增，产生了海量的非结构化图片或视音频数据，带动了大数据的存储、管理、分析等应用。各个厂商都不甘落后，纷纷推出基于计算、存储、网络等的云产品解决方案。

在满足客户需求的前提下，技术成本越低的方案越容易得到客户的青睐。由于业务及数据量的急速扩大，原有的硬件已不足以支撑应用系统，一味地提升硬件配置，只会使得后期建设、维护、扩容、管理应用系统的成本更高。云存储的出现避免了重复建设，降低了运营维护成本。

安防视频监控数据具有私密性高、保密性强的特点，不仅是事后追查的依据，还是后续数据分析的基础。数据安全不仅是不受到外界数据的入侵和非法获取，还要保证系统软硬件的稳定可靠运行，更要保证数据的完整性和可恢复性。传统的存储设备承载了极大的风险，云存储可以有效地解决这些问题。

因为视频录像数量级非常大，对传输、存储和计算的带宽要求高，各种各样的平台及业务系统进行互联，跨地域、跨国界的互联需要进行资源的共享，所以实现数据高效共享对传统存储有很大的挑战。

4.4.1 视频监控存储特点

视频监控存储是视频监控系统中非常重要的部分。海量的视频数据通常需要进行长时间的存储，并为日后的视频录像检索、回放等提供服务。用户可以通过系统提供的应用检索界面，对某路、某时间段的监控录像进行检索、回放或导出，并生成文件。从磁带到硬盘，从 IDE 到 SAS 接口，从单磁盘、JBOD 到各种 RAID 技术，从 DAS 到 NAS、SAN 架构，存储领域的每一次技术变革都带动了视频存储领域相应的发展。

视频监控系统采用的存储设备在数据读写方式上具有与其他系统不同的特点。视频监控系统一般具有监控点多（摄像头数量多）、视频数据流量大、存储时间长、24 小时不间断作业等特点。视频监控系统的应用主要是视频码流的写入，具体有以下几个特点。

（1）视频数据以流媒体方式写入存储设备或从存储设备中回放，与传统的文件读写不同。

（2）多路视频长时间同时写入同一个存储设备，要求存储系统能长期稳定工作。

（3）实时多路视频写入，要求存储系统具有高带宽，且恒定。

（4）容量需求巨大，存储扩展性能要求高，可在线更换故障设备或进行扩容。

（5）当多路并发读写时，对存储设备性能要求非常高。

4.4.2 视频监控存储需求

视频监控系统的非标准化特点决定了存储在监控领域的多样化特性。一般来说，视频监控存储分为 DVR 存储、NVR 存储、编码器前端存储、IP SAN 集中存储、云存储等 5 种方式。对于不同规模的视频监控系统，视频监控的应用对存储的 5 个基本需求都相同。

（1）海量存储的需求。视频监控数据是 7×24 小时写入的，存放时间从 7 天、15 天……甚至到 1 年，数据量随时间增加呈线性增长。对于一个平安城市项目而言，总的视频监控路数通常有几千路到上万路，上千 TB 的项目也比较常见，这是传统的存储行业难以想象的。

（2）性能的需求。视频监控主要是视频码流的写入，表征性能是存储能支持码流的路数（通常是 1Mbps～8Mbps）。在多路并发写的情况下，视频监控的应用对带宽、数据能力、缓存等都有较大影响，对存储的性能及可靠性影响很大，这时候存储需要专门针对视频数据性能的优化处理，并且在存储数据的同时精确调取数据。

（3）价格的敏感。由于视频监控行业有海量存储，总容量大，因此会造成总的价格成本上升，对单位容量成本（每 TB 价格）的要求很高。

（4）集中管理的要求。在视频监控系统中，由于需要大量存储设备，因此存储设备中的海量数据，必须被有效地管理起来，对最终用户的使用提供方便、可靠、透明的支持。

（5）网络化要求。TCP/IP 网络是视频监控技术向网络化方向发展的基础，基于 TCP/IP 网络的存储技术将在视频监控技术网络化进程中发挥不可替代的作用。

4.4.3 视频监控存储方式

1. DVR 存储

DVR 存储是目前最常见的一种存储方式，编解码设备直接挂接硬盘，目前最多可带 8 盘硬盘。但由于编解码设备性能的限制，因此 DVR 存储一般采用硬盘顺序写入的模式，没有应用 RAID 技术来实现对数据的保护。随着硬盘容量的不断增大，单片硬盘故障导致关键数据丢失的概率在同步增长，且 DVR 存储在性能上的局限性也影响了图像数据的共享及分析。DVR 存储的特点是价格便宜，使用起来方便，通过遥控器和键盘就可以操作。DVR 存储适合小规模、分布式的部署。

2. NVR 存储

在视频监控系统中，NVR 存储是硬盘录像机的升级产品。NVR 存储采取高度集成化的芯片技术，拥有先进的数字化录像、存储和重放功能，无须更换和存储录像带，无须计算机配合和日常维护，因此，能够实现高分辨率、高质量的实时监控，并且简单易用。简单来说，NVR 存储将传统的视频、音频及控制信号数字化，通过 NVR 存储设备上的网络接口，以 IP 数据包的形式在网络上传输，在 DVR 存储的基础上，实现了视频监控系统的网络化。NVR 存储配合现在市场上流行的 IPC，实现了视频采集与存储相分离，是市场上的主流存储方式。

3. 编码器前端存储

编码器前端存储通过编码器的外部存储接口连接，主要采用 SATA、USB、iSCSI 和 NAS 等存储协议。编码器前端存储方式可以实现编码器容量的再扩展，适合中小规模的部署，视频监控数据通过 RAID 技术在可靠性上得到了一定保证。其中 SATA/USB 模式采用的直连方式，不能共享且扩展能力较低，目前逐渐被淘汰，编码器前端存储 IP 网络（iSCSI 和 NAS）方式具有更好的扩展能力和共享能力。

4. IP SAN 集中存储

IP SAN 集中存储直接连接前端编码器或 IPC，通过流媒体协议下载数据，然后存放到存储设备上。编码器或 IPC 和存储设备之间通过 iSCSI 协议连接。IP SAN 集中存储方式适合大规模的部署。在 IP SAN 集中存储方式中，IP 连接（iSCSI）方式有良好的扩展性和可管理性，是目前应用较多的方式之一。从实际的部署和效果来讲，IP SAN 集中存储具有更高的性价比，是目前市场上的主流存储方式。

5. 云存储

云存储分为公有云存储和私有云存储。

（1）公有云存储。在家用视频监控系统中，摄像机的图像通过 Internet 将数据传输到摄像机厂商部署在公网的云存储系统中。摄像机厂商通过虚拟化软件把大量的存储设备集合起来协同工作，部署在公网中，并提供给最终用户。

（2）私有云存储。在平安城市等大规模视频监控系统中，通过私有云存储，可以实现对存储资源的集中管理，动态地为摄像机分配存储资源，实现即插即用，并且可以无限扩容。

4.5 本章小结

本章介绍了与视频数据存储技术相关的知识，从最基本的磁盘入手，简要说明了目前主流的存储架构，重点介绍了磁盘阵列技术，探讨了未来大容量存储的发展趋势——云存储。我们需要了解视频监控系统中存储的特点，掌握存储的需求及目前常见的存储方式。在视频监控系统中，由于视频数据有数据量大、7×24 小时存储、性价比与可靠性间的权衡等特点，因此磁盘的使用寿命小于整个存储系统的使用寿命，在使用过程中需要经常性地对存储系统进行维护。

第 5 章 视频解码与显示技术

在视频监控系统中，视频的解码与显示是最终环节，也是视频监控系统中重要的一环，在经历了视频采集、传输、存储之后，视频解码与显示才是用户的最终应用界面。实况与录像是解码的数据来源，视频解码侧也是视频监控系统中最容易产生网络堵塞的地方，因此在设计视频显示部分时需要考虑视频解码侧。

5.1 视频解码技术

视频解码是视频编码的反过程，是把数字信号转换为模拟信号的过程，完成视频解码工作的设备是视频解码器。视频解码有硬解码和软解码之分，硬解码通常由 DSP 完成，软解码通常由 CPU 完成。硬解码有专门的硬件设备输出，通常使用监视器或电视墙显示；软解码则利用计算机进行，通常由计算机的显卡输出至显示设备。

5.1.1 硬解码

硬解码通常应用在监控中心，一端连接网络，一端连接监视器。硬解码的主要功能是将数字信号转换成模拟信号，然后将模拟信号输出到监视器上进行视频显示。

硬解码其实更需要软件的支持，只是不需要 CPU 参与运算，从而为系统节约了很多资源。硬解码器有专用的硬件结构对视频解码性能进行优化，能够稳定地长时间解码。

硬解码的优点有以下几种。

（1）运行稳定、可靠性高，一般采用嵌入式操作系统，不易受到黑客、病毒的入侵和攻击。

（2）接口丰富，可以选择 HDMI、DVI、VGA、YPbPr、RGBHV 等接口。

（3）支持远程管理、维护。

（4）支持的视频格式丰富，兼容业界主流厂商的视频编码。

（5）解码性能强，性价比高。

硬解码的缺点有以下几种。

（1）起步较晚，软件支持度无法与软解码相提并论。

（2）面对杂乱无章的视频编码、封装格式，无法做到全面兼容。

（3）软解码拥有大量画面输出补偿及画质增强技术，而硬解码在这方面做得还远远不够。

5.1.2 软解码

软解码通常基于主流计算机、操作系统、处理器，运行解码程序实现视频的解码和图像还原过程，在多数情况下软解码的实质是视频工作站，解码后的图像直接在视频窗口上显示，不传输到监视器上。软解码过程需要大量的运算处理资源，通常情况下，只要 CPU 达到双核 2.0GHZ、内存 2GB 以上，就能实现软解码。

软解码的优点有以下几种。

（1）一个系统中可能同时安装了不同编码方式的设备，软解码基于主流服务器平台、操作系统及通用处理器，添加多个解码插件就可实现对多种编码方式的解码。

（2）有些软解码器能同时调用显卡和 CPU，共同承担运算，大大降低 CPU 的负荷，达到了更高效的软解码。

软解码的缺点有以下几种。

（1）目前主流的压缩格式都是 H.264、H.265，或者不压缩的源格式，在这种情况下，软解码会造成严重影音不同步，或者严重掉帧的情况。

（2）占用太多 CPU 的运算处理资源，使计算机运行速度大大减慢。

（3）相对硬解码器，软解码器的性价比低，可靠性差。

5.1.3 万能解码器

由于行业标准的缺失，尽管有国际标准的解码协议，但各厂商解码的实现方式略有不同，因此在视频监控应用中存在的一个突出问题就是，不同厂商解码设备之间的"互联互通"问题。万能解码器的工作原理就是把不同解码设备的厂商官方提供的解码库，集成在同一个解码软件中，在解码设备收到视频流后，首先判断该视频流的厂商，再调用相应的解码库，对视频流进行解码，最后实现视频流的还原显示。

万能解码器多为软件产品，当某厂商的解码库文件发生变化时，在万能解码器中升级对应厂商的解码库即可。万能解码器的解码性能与计算机的硬件相关，越高的分辨率规格对计算机的硬件性能要求越高。

5.2 视频显示技术

视频监控系统中常见的视频显示设备可分为 CRT（Cathode Ray Tube，阴极射线管）

显示器、LCD（Liquid Crystal Display，液晶显示器）、LED（Liquid Emitting Diode，发光二极管）显示器、DLP（Digital Light Processing，数字光处理）显示器、PDP（Plasma Display Panel，等离子显示屏）和 SLCD（Splice Liquid Crystal Display，拼接专用液晶屏）等六类。

5.2.1 CRT 显示器

CRT 显示器学名为阴极射线管，是一种使用阴极射线管的显示屏，主要由以下几部分组成：电子枪（Electron Gun）、偏转线圈（Deflection Coils）、荫罩（Shadow Mask）、高压石墨电极、荧光粉涂层（Phosphor）及玻璃外壳。CRT 显示器是应用最广泛的显示器之一，具有可视角度大、无坏点、色彩还原度高、色度均匀、可调节的多分辨率模式、响应时间极短等 LCD 显示器难以超过的优点，而且在价格上也更便宜。

按种类不同显像管可分为：球面显像管、柱面显像管和纯平显像管。

球面显像管的缺陷非常明显，在水平方向和垂直方向上都是弯曲的，边角失真现象严重，随着观察角度的改变，图像会发生倾斜，还容易引起光线的反射，会降低对比度，对人眼的刺激较大。

柱面显像管采用栅式荫罩板，在垂直方向上不存在任何弯曲，在水平方向上略有弧度。常见的柱面显像管可分为单枪三束管和三枪三束管。

纯平显像管是 CRT 显示器的发展方向，纯平显像管在水平方向和垂直方向上均实现了真正的平面，失真、反光都被降到了最低限度，这样可以使人们观看时的聚焦范围增大。

CRT 显示器的视频带宽可以看作每秒钟扫描像素点数的总和，一般以 MHz（兆赫兹）为单位。屏幕分辨率越高，每秒钟需要扫描的像素点数就越多，对电子枪扫描频率的要求也就越高，视频带宽因此需要提高。一般来说，CRT 显示器的工作频率范围在设计电路时就已经固定了，主要取决于高频放大部分元件的特性，由于高频放大部分元件的设计相对困难，因此成本较高，还会产生一定的辐射。对于 CRT 显示器而言，高频放大部分元件的处理能力越好，视频带宽所能达到的频率越高，图像稳定性也就越好。

CRT 显示器对视频带宽的要求，除和分辨率有关外，还和场频有关。场频是指 CRT 显示器每秒钟刷新的次数，又称为垂直扫描频率。当场频过低时，人眼会感觉到显示器有明显的闪烁，图像稳定性差，容易造成人眼疲劳。CRT 显示器的场频要达到 75Hz 以上，人眼才不易感觉到闪烁，但长时间注视必然会使人眼感到疲劳。

5.2.2 LCD

LCD 是液晶显示器的一种，为平面超薄的显示设备，由一定数量的彩色或黑白像素组成，放置在光源或反射面前方。LCD 的功耗很低，因此倍受工程师青睐，适用于使用电池的电子设备。LCD 的主要原理是电流刺激液晶分子产生点、线、面，配合背部灯管构成画面。

液晶是一种介于固体和液体之间的特殊物质，是一种有机化合物，在常态下呈液态，但是它的分子排列和固体晶体一样非常规则，因此被命名为液晶。液晶的特殊性质是如果给它施加一个电场，就会改变它的分子排列顺序；这时如果让它配合偏振光片，它就会具有阻止光线通过的作用（在不施加电场时，光线可以顺利通过）；如果再让它配合彩色滤光片，改变加给液晶电压的大小，它就能改变某颜色的透光量，也可以形象地说改变液晶两端的电压就能改变液晶的透光度（但实际中必须和偏光板配合）。

笔记本式计算机或桌面型的 LCD 需要采用更加复杂的彩色显示器，还要具备专门处理彩色显示器的色彩过滤器。通常，在彩色 LCD 中，每个像素都是由 3 个液晶单元格构成的，其中每个液晶单元格前面都分别有红色、绿色或蓝色的色彩过滤器。这样，通过不同液晶单元格的光线就可以在屏幕上显示出不同的颜色。

LCD 克服了 CRT 显示器体积庞大、耗电和闪烁的缺点，但也带来了造价过高、视角不广及彩色显示不理想等问题。CRT 显示器可选择一系列分辨率，而且能按屏幕要求加以调整，但 LCD 只含有固定数量的液晶单元，只能在全屏幕使用一种分辨率显示（每个液晶单元就是一个像素）。

LCD 不存在聚焦问题，因为每个液晶单元都是单独开关的，这也正是同样一幅图，但在 LCD 上更清晰的原因。LCD 也不必关心刷新频率和闪烁，因为液晶单元要么打开，要么关闭，所以在 40～60Hz 这样的低刷新频率下显示的图像不会比在 75Hz 频率下显示的图像更闪烁。不过，LCD 的液晶单元会很容易出现瑕疵。对 1024 像素×768 像素的屏幕来说，每个像素都是由 3 个液晶单元构成的，分别负责红、绿和蓝色的显示，所以总共约需 240 万个单元（1024×768×3=2359296），但很难保证所有这些液晶单元都完好无损。有可能这些液晶单元中的一部分已经短路（出现"亮点"），或者断路（出现"黑点"）。所以说，高昂的显示器并不是不会出现瑕疵。

LCD 包含 CRT 显示器中未曾用到的一些东西。为 LCD 提供光源的是盘绕在其背后的荧光管，有些时候会发现显示器的某部分出现异常亮的线条，也可能出现一些不雅的条纹，一幅特殊的浅色或深色图像会对相邻的显示区域造成影响。此外，一些相当精密的图案（如经抖动处理的图像）可能在 LCD 上出现难看的波纹或干扰纹。

5.2.3 LED 显示器

LED 显示器也是液晶显示器的一种，LED 液晶技术是一种高级的液晶解决方案，它用 LED 代替了传统的液晶背光模组。LED 显示器具有高亮度，更宽广的色域（超过 NTSC 和 EBU 色域），可以在使用寿命范围内实现稳定的亮度和色彩表现，可以实现更艳丽的色彩等优点。因此，无论在明亮的户外还是全黑的室内，用户都可以很容易地把显示设备的亮度调整到最悦目的状态。在以 CCLF（冷阴极荧光灯管）作为背光源的 LED 显示器中，不能缺少的一个主要元素就是汞，也就是大家熟悉的水银，而水银这种元素是对人体有害的。因此，众多液晶面板生产厂商都在无汞面板的生产上投入了很多精力，如中国台湾地区著名 IT 厂商华硕采用的不含汞 LED 背光技术便通过了 ROHS 认证，使 MS 系列的产品比传统 LED 显示器节能 40%以上，无汞产品不但无毒健康而且比其他产品更加环保和节能。

因为采用了固态发光器件，LED 背光源没有"娇气"的部件，对环境的适应能力非常强，所以 LED 显示器有温度范围广、低电压、耐冲击等优点。而且 LED 光源没有任何射线产生，低电磁辐射、无汞，可谓是绿色环保光源。

总而言之，LED 显示器的优点是省电、环保、色彩更真实。

5.2.4 DLP 显示器

DLP 是 Digital Light Processing 的缩写，即数字光处理，即利用这种技术时要先把影像信号经过数字处理，然后把光投影出来。DLP 显示器是基于 TI（美国德州仪器）公司开发的 DMD（Digital Micromirror Device，数字微镜晶片）来完成可视数字信息显示的技术。具体地说，就是 DLP 显示器将 DMD 作为关键处理元件，以实现数字光学的处理过程。

DLP 显示器的原理是将通过 UHP 灯泡发射的冷光源，通过冷凝透镜、Rod（光棒）将光均匀化，经过处理后的光通过一个色轮（Color Wheel），将光分成 R、G、B 三色（或 R、G、B、W 等更多色）。有一些厂商利用 BSV 液晶拼接技术镜片过滤光线传导，再将色彩由透镜投射在 DMD 上，最后反射经过投影镜头在投影屏幕上成像。

DLP 显示器的优点是有极快的响应时间，可以在显示一帧图像时将独立的像素开关很多次。DLP 显示器利用一块显示板通过逐场过滤（Field-sequential）方式产生真彩图像。具体步骤如下：一是，绿光照射到面板上，机械镜子进行调整，来显示图像的绿色像素数据；二是，镜子为图像的红色和蓝色的像素数据进行调整（一些投影仪通过使用第 4 种白色区域来增加图像的亮度并获得明亮的色调）。这些步骤发生得很快，以致人的眼睛无法察觉。循序出现的不同颜色图像在大脑中重新组合形成一个完整的全彩色图像。

高质量的投影系统可以使用 3 块 DLP 显示器，每块显示器分别被打上红色、绿色和蓝色，图像被重组为单一的真彩色图像，这种技术已经被用在一些数字影院的大型投影设备上。DLP 显示器有高分辨率且非常可靠，它们的对比度大约是 LCD 显示器的两倍，这使它们在明亮的房间中更有效。

DLP 显示器本身没有什么问题，但是比 LCD 显示器更贵。当你仔细观察 DLP 显示器上移动的点时（尤其是在黑色背景上的白点），就会发现采用逐场过滤方式后的图像将会被分解成不同的颜色，并且在使用 DLP 显示器时，电机带动色轮旋转时会发出一定的噪音。

5.2.5 PDP

PDP（Plasma Display Panel，等离子显示屏），是 CRT 和 LCD 之后的一种新颖直视式图像显示屏。PDP 以出众的图像效果、独特的数字信号直接驱动方式成为优秀的视频显示设备和高清晰的计算机显示屏，它将是高清数字电视的最佳显示屏幕。

与直视型显像管彩电相比，PDP 的体积更小、重量更轻，而且无 X 射线辐射。另外，由于 PDP 各个发光单元的结构完全相同，因此不会出现显像管常见的图像几何畸变问题。PDP 的亮度非常均匀，没有亮区和暗区，不像显像管屏幕的亮度中心比四周亮度要高一些，而且 PDP 不会受到磁场的影响，具有更好的环境适应能力。PDP 也不存在聚焦的问题，因此完全消除了显像管某些区域聚焦不良或年月已久开始散焦的顽症。PDP 不会产生显像管的色彩漂移现象，表面平直也使显示屏边角处的失真和色纯度变化得到彻底改善。同时，PDP 的高亮度、大视角、全彩色和高对比度，意味着 PDP 的图像会更加清晰，色彩更加鲜艳，感受更加舒适，效果更加理想。

与 LCD 相比，PDP 有亮度高、色彩还原性好、灰度丰富、对迅速变化的画面响应速度快等优点。由于显示屏亮度高达 150Lx，因此可以在明亮的环境下尽情欣赏大画面的视频节目。PDP 视野开阔，能提供格外亮丽、均匀平滑的画面和前所未有的更大观赏角度。PDP 的视角高达 160 度，普通显示屏在大于 160 度的地方观看时画面已严重失真，至于视角只有 40 度左右的 LCD 则只能更加望尘莫及。此外，PDP 平而薄的外形使其优势更加明显，特别适合公共信息显示、壁挂式大屏幕电视和自动监视系统。

由于 PDP 很容易与大规模集成电路联合"行动"、匹配"作战"，因此它能"轻装上阵"。PDP 的内部零部件可随意拆卸，工艺方便易行，结构更加简单，很适合现代化大批量生产，也能够大幅度减少机子的体积和重量，效果十分理想。

5.2.6 SLCD

SLCD 是 Splice Liquid Crystal Display 的缩写，即拼接专用液晶屏。SLCD 是 LCD 的

一个高档衍生品种，采用世界先进的工业级液晶面板，使用寿命长达 6 万小时。SLCD 是一个完整的拼接显示单元，既能单独作为显示器使用，又能拼接成超大屏幕使用。根据不同需求，SLCD 可以实现单屏分割显示、单屏单独显示、任意组合显示、全屏拼接、竖屏显示、图像边框可选补偿或遮盖和全高清信号实时处理。区别于传统半成品的液晶屏（如 DID），SLCD 无须外接电源板、信号驱动板、图形处理板等，是完整的成品，即挂即用。SLCD 的安装就像搭积木一样简单，单个 SLCD 或拼接 SLCD 的使用及安装都非常简单。SLCD 是超级窄边的液晶拼接屏，四周边缘仅有 9mm 的宽度，表面还带有钢化玻璃保护层、内置智能温控电路及散热风扇。SLCD 的拼接专用接口非常丰富，有模拟的 AV、分量、S 端子、VGA 接口和数字的 DVI、HDMI 等，应有尽有，不仅支持数字信号，还支持模拟信号。

5.3 本章小结

本章介绍了视频解码技术，解码器分为硬解码器和软解码器，还有为了兼容各个厂商不同解码协议而直接调用解码库的万能解码器。解码后的信号还需要显示设备来还原，因此本章还介绍了各种显示设备，目前 CRT 显示器已逐渐被市场淘汰，LED 显示器、SLCD 在视频监控系统中用得越来越多。

第6章 视频监控管理平台

在模拟视频监控时代，视频监控系统的核心是视频矩阵。信号采集、传输、显示、存储都是模拟信号，管理控制系统可以通过电路开关独立工作，不依赖任何软件。随着计算机的普及，视频图像逐渐数字化、网络化，视频监控系统的架构不再像矩阵一样可以集中管理控制，监控的范围也越来越大，设备也越来越分散。小规模的监控局点通过 DVR 可以完成管理控制，高清网络摄像机的流行，让 NVR 有了替代 DVR 的趋势。在大规模的视频监控系统中，主要还是由功能丰富的视频监控管理平台进行管理控制。

6.1 视频监控管理平台概述

视频监控系统经历了四个发展阶段。第一代视频监控系统是采用闭路电视系统构建的模拟系统，由摄像机、监视器、磁带录像机等构成，由于不能对前端进行控制且价格昂贵、操作管理复杂、扩展能力差和很难实现较大系统的要求，已经逐渐被淘汰。

第二代视频监控系统是以数字硬盘录像设备为核心的系统。数字硬盘录像设备前端采用模拟摄像机，后端采用数字信号控制和硬盘作为储存介质，这种模式的信息检索查询方便、控制灵活，是目前视频监控的主要应用模式，并得到了广泛应用和发展。由于第二代视频监控系统的网络结构是一种单功能、单向、集中方式的信息采集网络，以及其介质专用的特点，因此从根本上说，尽管其发展相当成熟，但仍然具有一定的局限性，若要满足更高的要求，数字化是视频监控系统的必由之路。

第三代视频监控系统是数字网络视频监控系统。数字网络视频监控系统的关键设备是视频服务器和网络摄像机。第三代视频监控系统采用嵌入式实时多任务操作系统，前端摄像机采集的视频信号经过高效压缩芯片压缩编码，通过内部总线发送到网络接口，再发送到网络上，用户可以直接在个人计算机上用浏览器观看视频图像，授权用户还可以通过计算机网络控制摄像机镜头和云台的动作，或者对系统进行配置操作。

第四代视频监控系统是智能高清网络视频监控系统。第四代视频监控系统的关键设备是具有泛智能的高清网络摄像机和具有专业视频分析功能的智能服务器，通过系统级的大数据分析，利用智能算法，可以快速在海量非结构化的视频数据中，计算出想得到的结果。

由视频监控系统的发展历程可以看出，随着每一代视频监控系统的进化，作为整个视频监控系统的核心，视频监控管理平台也随着行业需求的不断变化在不断丰富功能。视频监控管理平台显示的界面是面向最终用户的，因此其可用性和可维护性非常重要。

6.2 DVR 平台

数字视频录像机（或硬盘录像机），简称 DVR（Digital Video Recorder）。DVR 是伴随多媒体技术发展起来的，开始于 20 世纪 90 年代末，在 21 世纪初得到了迅猛发展。DVR 系统是集多画面显示预览、录像、存储、PTZ 控制、报警输入等多功能于一体的计算机系统。DVR 是数字视频监控及 IP 时代最早的先行者，首先实现了视频图像的数字化录像。

初期的 DVR 是 VCR（磁带录像机）的替代产品，与 VCR 相比，DVR 有以下几个优点。

（1）实现了对视频、音频的数字化，便于传输和存储。

（2）以计算机系统为载体，使用和操作更简单、方便。

（3）采用模块化的软件、硬件设计，便于扩展和维护。

（4）数字视频资料可以长期保存而图像质量不会失真。

（5）录像资料的回放和检索更加方便快捷。

从产品形态上划分，DVR 可以划分为两种，一种为工控式 DVR，另一种为嵌入式 DVR；从出现时间上划分，DVR 可以划分为第一代 DVR 和第二代 DVR，第一代 DVR 为工控式 DVR，第二代 DVR 包括嵌入式 DVR 和第二代工控式 DVR。

第一代工控式 DVR 是在个人计算机或工控机内装置一片或多片图像采集卡，采用的图像处理软件是通用视频处理软件，操作系统是 Windows 操作系统的早期版本，操作系统较不稳定，可维护性低。因为图像采集卡没有压缩功能，压缩功能由 CPU 实现，所以操作系统的扩展能力差，容量非常有限。

第二代工控式 DVR 在工控机内装置一片或多片专用的图像压缩采集卡，采用的图像处理软件还是通用视频处理软件，操作系统是比较稳定的 Windows 操作系统，所以操作系统的稳定和可维护性与第一代工控式 DVR 相比有了很大的改善。另外因为图像压缩采集卡集成了压缩功能，所以操作系统的扩展能力也有了很大的提高，操作系统的容量也显著增加。

嵌入式 DVR 的特点是采用带图像压缩功能的专用硬件，有专用的操作系统或经过裁剪/优化的 Linux 系统和专用的嵌入式图像处理软件。因为嵌入式 DVR 从硬件到软件都是定制的平台，所以稳定性和可维护性好，视频存储速度、分辨率及图像质量都比第一代 DVR 有较大的改善。

6.2.1 DVR 的工作原理

DVR 的核心功能是模拟音视频的数字化、编码压缩与存储。模拟音视频信号通过相应的音视频 A/D 转换器转换为数字音视频信号并输入编码芯片，编码芯片根据系统配置，将此音视频信号压缩编码为 H.264 格式（或其他格式，如 MPEG-4、H.265 格式等）的音视频数据。CPU 通过 PCI 总线将编码后的音视频数据存入本地硬盘。当需要本地回放时，读取硬盘中的音视频数据并发送到解码芯片，解码芯片解码后输出到相应的 D/A 转换器中，完成录像资料的回放；当需要远程回放时，读取硬盘中的音视频数据并发送到网络接口，这样远程工作站或解码器就可以实现视频图像的还原显示过程（解码过程）。

6.2.2 DVR 的配置及接口

DVR 的配置及接口决定了 DVR 的功能（如支持的分辨率、硬盘数量及容量、视频输入和输出数量、报警接口数量等）是否强大。图 6-1 所示是 DVR 背板接口示意图。

图 6-1 DVR 背板接口示意图

1．通道数量

通道数量包括视频及音频的通道数量，通常一台 DVR 设备支持 4~16 个视频通道输入，但由于视频编码工作是由编码芯片完成的，因此在不同的分辨率及帧率下，DVR 设备实际支持的通道数量是不同的，如一个支持 16 路 CIF 实时录像的 DVR，如果需要支持 4CIF 的实时录像，那么可能只可以支持 4 路，原因主要是要考虑到 DVR 内部的 DSP 芯片的实时编码运算能力。在实际应用中，支持超大通道数量的 DVR 在稳定性、实用性方面并不可取，目前在市场上，16 路的 DVR 在性价比和稳定性方面是比较合适的。

2．存储空间

存储空间是早期 DVR 设备的一个重要指标，因为 DVR 机箱空间有限，所以其存储空间不大，通常最多支持 8 块硬盘介入。在后期，DVR 支持扩展存储功能，可以用 DAS 进行大容量的本地存储，也支持 SAN、NAS 等存储方式。

3．输入和输出功能

输入和输出功能主要实现报警输入联动及现场辅助设备的输出控制。在大部分情况下，DVR 的实质是小型安防集成平台，报警输入通常为开关量形式，用来连接出发设备的信号，通常支持 6~18 个输入端子；报警输出多为开关量或继电器形式，通常每台 DVR 设备配置 4~8 个输出接口。

4．联网功能

联网能够实现多台 DVR 设备的远程浏览和远程回放等功能。通道数量较少的 DVR，一般配置百兆的网口，如果通道数量较多，那么通常配置千兆的网口。

6.2.3 DVR 的关键技术

DVR 主要解决的问题就是平衡图像质量与芯片处理能力、带宽、存储之间的矛盾，那么追根溯源，DVR 主要解决的问题就是算法。因此，迫切需要一种算法，能在有限的芯片资源、带宽、存储空间的限制下，尽可能地给用户最好的图像质量，这就是 DVR 解决问题的关键。除此之外，DVR 在网络传输、录像存储、软件应用、智能分析等方面的功能也是非常关键的。

DVR 的关键技术包括以下几个方面。

（1）A/D 转换芯片。

（2）编码压缩芯片。

（3）视频编码压缩算法。

（4）DVR 应用软件功能。

（5）智能视频算法。

（6）存储技术应用。

6.3 NVR 平台

DVR 受限于同轴电缆传输，所以模拟信号不超过 300m，多次模拟信号的中断会导致图像效果下降。随着数字视频技术的演进，安讯士首先发明了网络摄像机（IPC），通过 IP 网络的传输，视频图像完全没有衰减。随后出现了 DVR 的替代产品——NVR。

NVR 的全称为 Network Video Recorder，其核心特点体现在网络化特性上。在 NVR 系统中，前端监控点安装网络摄像机或视频编码器。模拟视频、音频及其他辅助信号经视频编码器数字化处理后，以 IP 码流形式上传到 NVR，由 NVR 进行集中录像存储、管理和转发。

NVR 实现了视频采集和存储的分离，提高了设备的稳定性和性能。只要满足带宽和 QoS（延时、丢包率、抖动）的要求，NVR 就可以在承载网络的任意位置接入，提高设备部署的灵活性。NVR 的实质是"中间件"，负责从网络中抓取视频流和音频流，然后进行存储或转发。

NVR 的存储容量的可扩展性更好，表现在 NVR 主机可以扩展多个辅机或磁盘柜上。NVR 主机、辅机和磁盘柜可以在线增加磁盘，在线扩容存储空间。

NVR 按照采用的存储技术可以划分为两种类型：一种是 IP SAN（IP Storage Area Network，IP 存储局域网）技术，另一种是 NAS（Network Attached Storage，网络附属存储）技术。同时 NVR 采用了多种技术来提高视频数据存储的可靠性，如 RAID、磁盘热插拔、冗余电源等。

因此，NVR 方案是完全基于网络的全 IP 视频监控解决方案，基于网络系统可以任意部署及后期扩展，是比其他视频监控系统（模拟系统、DVR 系统等）方案更有优势的解决方案。

6.3.1　NVR 的工作原理

接入 NVR 的视频流是不需要编码压缩的数字媒体流，NVR 的核心功能就是视频流的存储与转发。NVR 设备可以配置本地视频的输入及输出接口、键盘及鼠标等接口，是用来实现本地化的视频操作设备。一些小型项目可以直接把显示器连接到 NVR 上，无须再单独配置计算机，NVR 应用方式与 DVR 类似。NVR 通常应用在大型、分布式的项目上，安装在环境良好的机房、机柜中。

6.3.2　NVR 的配置及接口

NVR 采用开放的 IP 架构，需要与编码器、管理平台、操作系统、网络传输及存储设备配合使用，实现完整的功能。因此，NVR 具有良好的集成能力，无论在视频的互联、互通方面，还是与报警、门禁等系统的融合方面，NVR 都更加方便灵活。由于 NVR 可以基于通用的服务器及操作系统运行，因此逐渐打破了安防监控领域设备专有、封闭的格局，逐渐与 IT 融合，有利于用户的购买及维护。图 6-2 所示是 NVR 背板接口示意图。

图 6-2　NVR 背板接口示意图

1．视频通道

单台 NVR 能够支持的视频通道数量是有限制的，取决于不同厂商的 NVR 软件机制。NVR 是集成存储设备，单台 NVR 能够支持的视频通道数量越多，服务器平台成本、操作系统成本、机房空间成本就会越低，因此通道容量是衡量 NVR 视频通道数量的一个重要指标。但是，通道容量衡量视频通道数量是有前提条件的，因为不同码流的视频，对硬件、软件资源的消耗不同，所以 NVR 能够支持的通道容量也不同。例如，一台 NVR 最多可以支持 150 路 CIF@RT 通道，仅支持 40 路 4CIF@RT 通道，而如果需要支持音频通道，数量可能更低，因此 NVR 的通道容量必须是基于一定前提条件给出的。目前行业主流 NVR 对于 4CIF@RT 通道的支持数量一般可达到 30 路以上。

2．存储空间

NVR 是运行在服务器平台上的，服务器通过 NAS、SAN、DAS 等方式连接各种类型的磁盘阵列。NVR 需要对所分配的磁盘空间进行管理并写入视频流，每台 NVR 能够支持的磁盘容量也是有限的，也就是说每台 NVR 至多支持的存储空间是有限的，那么与之对应的视频通道的存储空间也是有限的。

6.3.3　NVR 的关键技术

NVR 主要解决的问题就是系统容量、可靠性存储机制，以及冗余机制。NVR 的关键技术有以下几种。

（1）支持的视频通道数量：目前的主流 NVR 应该支持 16 路以上 720P 的实时视频。

（2）压缩方式：目前的主流方式为 H.265 和 H.264 编码方式。

（3）支持音频方式：一般支持与视频路数相等的音频输入，并支持双向语音对讲。

（4）双码流：双码流是为解决存储质量和浏览带宽矛盾而产生的技术。

（5）报警输入和输出：一般支持多路干节点报警输入，多路继电器输出。

（6）视频分析：将视频分析功能集成在 NVR 中可以实现更好的灵活性。

（7）本地视频输出：可以在小型应用中节省成本，也可以作为问题定位时的视频输出。

除以上几种关键技术需要清楚了解外，还需要知道一些隐性的 NVR 参数，如单台 NVR 能够支持的最多并发用户访问数量，能够支持的最大存储空间，以及 NVR 目前已经支持的 IP 摄像机或编码器列表及具体功能。

6.4 视频监控管理平台介绍

在闭路电视监控时代，视频监控系统的核心是硬件，所有的信号采集、传输、交换、存储都是基于模拟信号的，视频监控系统可以不需要任何平台管理软件的支持而独立工作。在数字化、网络化的视频监控时代，视频监控系统的架构变成网络、分布、功能专一化，因此视频监控管理平台的主要任务是利用统一的数据库、软件及服务，在分散的设备与用户之间建立一个接口服务平台，通过这个接口服务平台，完成系统中所有 DVR、NVR、IPC 等设备的统一管理与集中控制，并可以对大量用户提供统一的接口应用及媒体分发服务。

视频监控管理平台是以网络为载体的视频管理系统平台。从技术层面说，视频监控管理平台分为 C/S（Client/Server）架构和 B/S（Browser/Server）架构，两个架构表现的形式不一样，但其核心内容几乎一致，基本架构为视频采集模块—视频传输模块—设备管理/用户管理—用户端。

对于 C/S 架构而言，用户需要安装特定的客户端软件，使用用户名和密码登录服务器，以获取设备信息，从而实现与设备的连接。

C/S 架构的优势：专业性与保密性，一般用在特定的网络或局域网中，不连接到互联网，用户也在特定的计算机上使用。C/S 架构的劣势：用户投资成本高，互联网访问不方便，更无法用手机访问（特定网络用户除外）或用手机访问比较麻烦。

对于 B/S 架构而言，用户不需要安装特定的客户端软件，只需要使用普通的网页浏览器（如 IE 等）访问服务器地址（通常为域名），使用用户名和密码登录即可获取设备列表，从而实现远程视频监控。

B/S 架构的优势：通用性与便利性，用户可以随时随地使用系统，而无须专门的计算机，甚至手机访问也是非常方便的，主要满足用户在异地访问的便利性要求。B/S 架构的劣势：基于互联网设计，用户需要在连接互联网的计算机上使用，对于部分限制访问互联网的用户来说比较麻烦。

以浙江宇视科技的 VM5.0（Video Manager 5.0，视频管理服务软件）为例。VM5.0 是专门针对安防监控应用开发的视频监控管理服务软件，采用 IMOS 架构，只处理管理信令，不处理视频流。VM5.0 集用户认证、视频管理、设备管理、控制管理、任务管理、日志管理、报警管理、电子地图、电视墙管理功能于一身，还支持海量的监控前端管理，可以满足各种大、中型视频监控系统的应用。VM5.0 如图 6.3 所示。

图 6-3　VM5.0

VM5.0 具有海量接入、高可靠性、强兼容性、全面支持高清等特点，可广泛应用在公安、金融、交通、电力、能源、教育、大型园区、楼宇、医疗等行业。VM5.0 支持对视频监控管理系统中所有服务器、终端设备和业界主流的 IPC 进行统一配置和管理。

VM5.0 的功能概述有以下几点。

（1）基础实况业务，支持软硬解实况、软硬解轮切、硬解轮切计划、组显示和组轮巡功能等。

（2）拥有独特的多媒体存储专利"CDS"技术，能实现前端直存和秒级检索回放。

（3）丰富的回放功能，支持高清、标清回放上墙、即时回放、多路同步回放、回放切片等。

（4）支持 N+M 存储备份功能，可以在主存储失败的时候快速启用异地备用存储。

（5）支持流程化的告警处理机制，并支持流程自定义、告警类型和级别的自定义等。

（6）有灵活的云台机制，支持云台控制和抢占、预置位、拉框放大、巡航路线、巡航计划等。

（7）稳定和可靠，支持双机热备和 N+1 的部署方式。

6.5 视频监控管理平台架构

视频监控管理平台通常基于 Windows 或 Linux 操作系统，以数据库系统作为基础数据平台，以网络作为传输介质，以 TCP/IP 作为通信协议。视频监控管理平台架构通常采用模块化的软硬件架构，系统的数据库、核心软件、核心服务、虚拟矩阵支持、文件服务、目录服务、告警服务等可以部署在一台服务器上，也可以部署在多台服务器上，以上各个组件之间通过网络进行连接通信。通常，视频监控管理服务器运行后，需要定期对系统中所有的"成员"（DVR、NVR、编码器、解码器等）进行状态轮询，即以广播形式对所有"成员点名"，然后所有"成员"需要以单播形式反馈状态信息给视频管理服务器，得到反馈后刷新核心数据库，并定期更新设备列表，进而实现实时视频浏览或录像回放等操作。整个视频监控管理平台负责设备的管理、接入、注册，逻辑连接，设备状态的监测，用户的管理、接入，信令的转发，告警联动关系，系统日志的存储等。目前主流的视频监控管理平台架构根据系统数据库、程序、服务、媒体服务等构件的分布方式，可以分为完成集中型架构和完全分散型架构。

6.5.1 完全集中型架构

在完全集中型架构下，系统数据库、核心程序、核心服务、告警服务、文件管理等所有信息及服务均运行在完全集中的中央服务器中，仅将流媒体的部分功能（视频存储与分发）在单独的服务器上运行。虽然流媒体数据不经过核心服务器，但对于大型系统（几百路甚至上千路的系统），中央服务器需要巡检所有设备，需要建立大量的用户连接、响应大量的请求，需要写入大量的系统日志，因此过于集中的架构方式可能造成系统因负荷过高而宕机。完全集中型架构简单、资源管理方便，但是对于大型系统来说，这种架构可能成为瓶颈，存在不稳定因素。

完全集中型架构如图 6-4 所示。

图 6-4　完全集中型架构

6.5.2 完全分散型架构

在完全分散型架构下，系统数据库、核心程序、核心服务、流媒体、文件管理、告警服务、网管等所有资源及服务运行在分散的多个服务器中。完全分散型架构的各个功能模块分别完成虚拟矩阵、告警管理、媒体处理、视频分析、用户认证、存储管理等各种不同的功能，各个模块通过网络连接通信、信息交互构成完整的系统，呈现给用户"整体服务功能"。完全分散型架构避免了单机服务器的一些瓶颈，提高了整体系统性能及系统的灵活分布性。

完全分散型架构如图 6-5 所示。

图 6-5 完全分散型架构

6.6 视频监控管理平台常见业务

视频监控系统基于成熟的网络技术、标准的控制信令协议，以及开放式架构，大大地丰富了视频监控管理平台的业务。视频监控管理平台的常见业务包括系统功能配置、监控业务、系统维护三大模块。

6.6.1 系统功能配置

系统功能配置要对整个系统按照用户的实际使用需要，完成整体的配置，包括但不限于以下几种功能。

（1）本地配置：对全局的视频参数、云台参数、多屏参数、水印参数、告警声音等进行设置。

（2）告警参数配置：实时告警参数、过车告警图片弹出框配置、告警联动到监视器恢复源码流配置等。

（3）License 管理：License 是授权许可证书，License 文件定义了系统可以管理的设备和资源的授权许可信息。

（4）模板管理：批量配置同型号设备，或者设置存储计划模板，批量下发配置。

（5）升级管理：配置设备上线自动升级或按时间计划升级。

（6）组织管理：添加、修改、删除各级监控组织。

（7）资源划归：将组织 A 的现有资源（如摄像机、监视器、告警输出、告警源）划归给组织 B，以实现资源共享，这样组织 B 中有权限的用户也可以对该资源进行操作。例如，当组织 A 中的摄像机 1 划归给组织 B 后，组织 B 中有实况权限的用户也可以对摄像机 1 进行实况操作。

（8）角色管理：角色是一组操作权限的集合。当把某角色分配给某个用户后，该用户就拥有了该角色中定义的所有权限。通过角色管理，可以方便地实现用户权限的管理和分配。

（9）用户管理：用户是系统管理和操作的实体。在分配了相应的角色权限后，用户登录到系统即可执行相应的系统管理和操作。

（10）设备管理：在整个系统中对某个设备进行配置操作，使该设备接入视频管理平台。

6.6.2 监控业务

监控业务是视频监控管理平台的主要业务，一般通过客户端来实现具体的监控业务，业界常见的监控业务有 B/S 架构及 C/S 架构，具体的监控业务功能名称可能不一样，但实现的效果相似。

（1）实况播放：就是通过视频窗格或监视器实时播放摄像机拍摄的音视频信息。

（2）轮切：就是通过某个视频窗格或监视器循环播放轮切资源中各个摄像机实况图像的一种资源集合。

（3）组显示：就是播放某个摄像机组中所有摄像机的实况。

（4）轮巡：就是指在多个视频窗格或监视器上按照一定的时间间隔对多个摄像机循环播放实况。

（5）拼接：一般包含全景拼接、大屏拼接、数字矩阵拼接三方面内容。全景拼接是指对 3 个前端传来的图像进行拼接，去除重叠部分，校正变形部分，最后拼接成一幅高分辨率的图像。通过大屏拼接，可以将 1 路视频图像放大到多屏播放，如图 6-6 所示，就是把单屏图像放大为 2×2 的大屏拼接播放。数字矩阵拼接能够显示特定组织下的所有监视器，并能在监视器上进行多种媒体业务的操作。

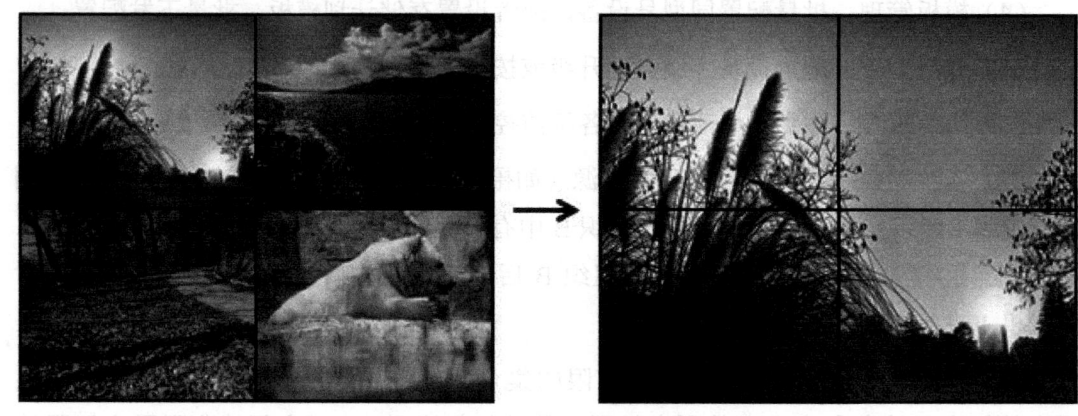

图 6-6 大屏拼接展示

（6）巡航：配置预置位、巡航路线、巡航计划、云台摄像机，按照既定路线或计划进行巡航。

（7）云台控制：远程控制云台的旋转角度，摄像机的光圈大小、聚焦程度、雨刷开关和变倍等，并能够进行云台锁定操作。视频监控系统还支持云台控制优先级机制、云台自动解锁和释放，以及云台预置位的设置和选择云台摄像机的巡航线路等。

（8）录像回放：确保所需要的摄像机有录像记录后，可以进行检索录像、点播回放、下载录像等操作。

（9）告警：已配置告警订阅功能后，可以通过告警页面查看和确认实时告警、预案告警、历史告警和告警处理记录，及时了解设备的异常情况、定位系统问题。

（10）对讲广播：可以用于客户端与终端之间的终端对讲、终端广播，以及客户端与客户端之间的用户对讲和用户广播。

（11）地图：可以上传地图，并在地图上添加摄像机、组织站点、热区等，可以直接在地图上进行相关业务操作。

（12）枪球联动：可以快速且清晰地查看监控范围内的局部细节，可以有效结合枪机和球机的特点，利用枪机监控全局，利用球机高倍率变焦查看局部细节。

6.6.3 系统维护

任何一套电子系统都需要检查和维护才能维持长期 7×24 小时不间断运行，视频监控系统也不例外，对视频监控系统进行定期巡检和维护是非常有必要的。系统维护就是通过设备自身的信息收集，有效分析系统故障。

（1）操作日志：通过日志，记录登录到系统上的所有用户行为。

（2）系统备份：可以分别对系统配置、数据库和系统日志进行备份，然后导出至客户端本地进行保存，也可以备份或导出全部信息。若选择导出全部信息，则除导出系统配置、数据库和系统日志外，还将导出客户端信息（包括客户端控件日志、操作系统、显卡、IE 浏览器信息），方便系统维护。

（3）数据库恢复：可以通过已备份的数据库文件，对系统的数据库进行恢复。

（4）摄像机存储报表：通过摄像机存储报表功能，可以查询摄像机对应的存储信息（包括存储设备名称、存储计划制定与启动情况、存储状态等）。

（5）故障设备统计：自动或手动统计本域设备及其下级域共享给本域设备的故障报表，并以报表形式显示。

（6）故障频次统计：自动统计本域设备及其下级域共享给本域设备的故障频次，并以报表形式显示。

（7）历史故障设备统计：显示故障设备统计的历史信息。

6.7 视频监控管理平台智能业务

从 2000 年到现在，经过 20 年左右的发展，人工智能已经从泛智能演进到专业智能，直至现在广泛流行的深度智能。因为安防行业拥有源数据信息量大、数据层次丰富和安防业务的本质诉求与 AI 技术逻辑高度一致的两大特性，所以安防行业是人工智能具有市场空间的应用领域。

6.7.1 智能业务技术背景

在视频监控系统中，监视器与摄像机的比例一般都是"一对多"。监控人员无法监视所有的摄像机，并且通过人工方式盯着监视器看，无法一直集中精力并及时发现所有可疑行为，而出现事件后，监控平台的录像需要在事后调查使用，需要调阅大量的图像。因此，将监控人员从海量的无效数据中解放出来，快速检索到有一定特征的视频资料，是视频监控系统智能业务的发展之路。

智能业务目前主要有前端智能（IPC 或智能编码器）、后端智能（智能业务服务器）、前端+后端智能 3 种架构。

所谓前端智能，是指把图像智能分析与视频监控结合起来，让视频监控系统检测到一些有固定规律的事件，在一定程度上降低人工操作。例如最常见的周界智能应用，通过禁区、绊线在摄像机画面中设定一个敏感区域，一旦有移动物体进入该区域，就会触发报警并通过平台联动在大屏上弹出对应摄像机的实时图像，通过警灯、警铃来提醒安保人员第一时间处理事件。

随着技术的发展，部分智能分析功能从后端服务器前置到前端摄像机中，通过摄像机富余的计算资源，对采集的图像进行分析，提取关键信息。智能前置化分析部分主要是后端智能中侧重事中告警的实况分析部分，这部分分析所需的系统资源非常少，前端摄像机足够提供，而且智能前置化还能带来以下4个显而易见的益处。

（1）节约网络带宽，解决服务器瓶颈问题。后端服务器进行实况分析时必须要额外获取一路实时视频流，不管这路视频流是直接从前端获取的还是从流媒体服务器转发获取的，都会在前端或后端造成额外的带宽消耗。而且随着需要分析的前端点位数量的增加，服务器的计算资源消耗会越来越大，带宽占用也会越来越高，很容易使服务器出现瓶颈。而智能前置化后，摄像机只需要额外传输分析结果给后端服务器，相对于视频流，所传输的这部分数据占用的带宽几乎可以忽略不计。

（2）降低系统建设成本。首先后端服务器已经增加了一笔成本，其次常见的后端服务器并发处理能力在30路D1、20路720P、10路1080P左右。如果要提高并发处理能力，要么提高服务器配置，要么增加服务器数量，但不论选择哪种方式都会提高系统建设成本。而智能前置化后，单台摄像机的成本几乎没有增加，还可以大大减少与服务器相关的成本。

（3）分析更精确。前端图像编码后通过网络传送给后端服务器，后端服务器再解码进行分析，在这个过程中编码、解码、网络传输中可能存在的丢包问题都会影响图像分析的准确率，而智能前置化后可以直接在本地进行图像分析，结果会更精确。

（4）可扩展性更高。在一个项目中，不同点位的摄像机需要不同的智能分析，如周界附近需要越界告警分析、出入口需要人脸抓拍、路面上需要车牌识别等。智能前置化使得配置这些智能分析应用非常方便，只需要更换相应的软件版本或启用相应的软件功能即可，而且一些特殊行业中的特殊智能应用完全可以开放接口由专业人士进行算法开发，相较后端智能可扩展性大大提升。

在看到前端智能好处的同时，也不能忽视目前前端智能准确率低、环境适应能力弱等不成熟的地方，虽然视频监控系统配置了前端智能设备，但在实际应用中过高的误报率和漏报率让安保人员心力交瘁，最后不得不放弃使用。

例如，最常见的周界防范应用。当有物体通过画面中设置的绊线时，摄像机通过图像分析并不能准确判断穿越物体是人还是动物，这就会导致误报。部分摄像机会设置一些条件来降低误报率，如设置大于100个像素以上的物体穿越绊线才触发告警，但由于摄像机成像近大远小的原理，远处的闯入者或矮小、蹲行的闯入者就不会触发告警，即在误报率下降的同时漏报率会提升。而环境适应能力，特别是光线变化的适应能力一直是智能分析服务器的短板，即使是在白天有高准确率的智能分析服务器，到了夜间可能也会不可用。

其实这些问题主要还是智能算法的成熟度不足，摄像机芯片、Sensor 等主要器件性能不足等原因共同导致的。随着技术的发展，智能分析准确率低、环境适应能力弱等问题都会得到解决。最近随着星光级摄像机的推出，低光照下的智能分析已经得到了很大发展，现在一些厂商推出的星光级摄像机，已充分考虑各种光照突变、恶劣气候等使用环境，在微光下还能提供高准确率的绊线、禁区、人脸抓拍等智能应用，并且还能抵挡树叶晃动、阴影变化等带来的干扰。

在前端智能时代，后端智能的管理显得暗淡了些，但在智能化进程发展过程的很长一段时间内，视频监控系统的智能分析功能都是采用中心分析的方式实现的。中心分析的方式有其独特的优势，如后端分析模式方便排除故障，并可以有效地解决存储容量的压力；如不需要前端摄像机具有智能分析功能，只需要上传视频流给智能分析服务器即可；再如因为硬件结构决定了智能分析服务器具有超高的处理性能，所以一台智能分析服务器可以同时处理几十路前端视频流等。后端服务器可以应用更为复杂的算法，分析运算集中化使基于后端服务器的选择获得了大量机会。设备配置和设备故障排除变得简单，用户在一个地方就可以完成安装或修改，可操作性得到了保障。

智能分析服务器在市场上还是主流产品，服务器产品有软件开发周期短、项目应用灵活、改造项目适用性强等特点。同时比较复杂的智能分析功能需要的计算量还很大，完全移植到摄像机中需要大量优化、改进算法性能和提高前端设备硬件的成本。而基于×86 的服务器是目前运行这些复杂算法的最好选择，成本相对较低，能够达到的分析效果也最好。

无论是前端智能，还是后端智能，两者都有各自的优缺点，无法相互取代，两者最合理、最平衡的折中方式是前端+后端的双赢模式。前端智能的优点是方便、无人值守、一体化，缺点是受前端芯片体积限制，性能不佳，只能作为普通的辅助手段；而后端智能的优点是性能强大、有无限发展可能，缺点是处理后最终效果有一定局限性。前端和后端配合起来做智能分析，才可以真正让视频图像智能分析大数据化。

6.7.2 智能业务应用

（1）入侵检测：包含区域入侵检测和绊线入侵检测。在某些重要危险区域，如机场周界、军事区、监狱、高档小区等，设置入侵检测机制，可以实现重要危险区域的安全警戒和事前预警。相对于传统的红外探测技术，视频监控的入侵检测技术使用的设备少，能覆盖的范围大,具有良好的效果。

（2）遗留物品检测：在摄像机监控场景内,如果发现某物品（包等）被放置或遗忘,超过允许停留的时间限制后,那么将自动触发报警。在某些重要危险区域或人流量大的公众场合,如加油站、地铁、火车站等,设置遗留物品检测机制,可以实现重要危险区域的安全警戒和事前预警。

（3）人员徘徊检测：在某些重要危险区域,如监狱外围区域、危险品区域、仓储区域等,设置人员徘徊检测机制,可以实现重要危险区域的安全警戒和事前预警。

（4）人数统计：基于人体特征识别算法、模式识别机器识别算法,通过对监控画面中特定区域,如通道过口、楼梯口等进行人流量统计,采用人头肩部特征来区分人员,并通过运动轨迹来判断其进出方向,最后生成进出人数等数据记录。在发生异常情况时可借助系统,组织人员疏散、撤离。

（5）拥挤检测：系统可以对一定区域自动侦测过度拥挤状况并产生报警信号。拥挤检测是人数统计与区域检测相结合的技术,当人员超过指定的阈值时开始触发报警,在车站、商场、机场、广场等场合广泛应用,以保证有效的工作配置,如开放更多通道、开通更多窗口,以提高工作效率,防止拥挤踩踏等事件发生。

（6）PTZ（Pan/Tilt/Zoom,云台控制）自动跟踪：在宽范围、大视野的视频监控场景中,如机场周边、加油站、工业园区等,当摄像机发现目标时,通常需要手动控制摄像机对目标进行跟踪。在实际使用中,操作人员无法每时每刻都聚精会神地看监控图像,并精确操作摄像机,以确保及时发现目标并让目标一直保持在场景中。有PTZ自动跟踪功能的摄像机,一旦有目标出现并触发了规则（一般为拌线）,摄像机就会自动锁定目标,继而实现自动跟踪功能,保证目标始终出现在场景的中间位置。

（7）人脸识别：是基于人的脸部特征信息进行身份识别的一种生物识别技术。人脸识别技术用摄像机采集含有人脸的图像或视频流,并自动在图像中检测和跟踪人脸,进而对检测到的人脸进行识别,获取人脸信息后,可以与数据库中已有的照片信息进行对比,从而识别出需要寻找的人员。

（8）车牌识别：能够将运动中的汽车牌照从复杂背景中提取并识别出来,通过车牌提取、图像预处理、特征提取、车牌字符识别等技术,识别车辆牌号、颜色等信息。目前,最新的车牌识别技术水平使字母和数字的识别率可达到99.7%,汉字的识别率可达到99%。将车牌识别设备安装在出入口,记录车辆的牌照号码、出入时间,并与自动门、栏杆机的控制设备结合,实现车辆的自动管理。车牌识别技术应用在停车场可以实现自动计时收费,也可以自动计算可用车位数量并给出提示,实现停车收费自动管理,可节省人力、提高效率；应用在智能小区可以自动判别驶入车辆是否属于本小区，对非内部车辆实现自动计时收费。在一些单位，车牌识别技术还可以同车辆调度系统相结合，自动地、客观地记录本单位车辆的出入情况，达到不停车、免取卡，可有效提高车辆出入通行的效率。

（9）车辆逆行检测：在道路视频中，可以由智能算法识别车辆的行驶方向。如果有车辆沿错误方向行驶，系统会自动对车辆进行跟踪并标记其运动轨迹，然后发出报警，非逆行的车辆则不会触发。

（10）非法停车识别：在摄像机监视的场景中，设置一个不允许停车的区域，当有车辆进入不允许停车区域并达到规定的时间阈值后，则触发报警，并可以联动录像，留下车辆违章停车的证据。

（11）闯红灯识别：高清摄像机对进入各股导向车道的车辆逐辆跟踪拍摄，同时检测红绿灯状态，当检测到红灯状态时，若有车辆越过停止线，则自动抓拍图片，跟踪分析车辆的行驶轨迹，其中包括一张特写照片来记录车辆信息。

6.8 视频监控系统集成

为了整合不同厂商的设备，不同视频监控管理平台之间的对接必须寻求统一的标准。例如，ONVIF 标准、PSIA 标准及我国的国标 GB28181 等。

ONVIF 标准规定了网络视频的模型、接口、数据类型及数据交互模式，并沿用了一些现有的标准，如 WS 系列标准等。ONVIF 标准的目标是实现一个网络视频框架协议，使不同厂商生产的网络视频产品可以完全实现互联互通。

国标 GB28181 规定了安防监控联网系统中信息传输、交换、控制的互联结构、通信协议结构，传输、交换、控制的基本要求和安全性要求，以及控制、传输流程和协议接口等技术要求，适用于安防视频监控联网系统及城市监控报警联网系统的方案设计、系统检测、验收、设备研发、生产。

视频监控系统是安防系统的一部分，经常需要与报警控制系统、门禁控制系统甚至自动楼宇控制系统集成，实现一个平台下的报警触发联动。视频监控系统的集成可以带来很多好处，如系统的数据共享、联动控制、自动操作、成本节约、提高效率等。

其他系统可以以硬件干节点或 API 接口的方式，实现与视频监控系统的集成报警联动。SDK 经常用来实现与第三方软件系统的集成，如门禁系统、自动楼宇控制系统、消防系统及环境监控系统。

6.9 本章小结

本章介绍了 DVR 平台、NVR 平台和视频监控管理平台的基本工作原理、常见的业务和智能业务。在过去模拟向数字转型的时代下，中小型视频监控系统中的 DVR 平台是核心，但是随着网络摄像机的流行与发展，NVR 平台逐渐取代了 DVR 平台成为目前市场上中小型视频监控系统中的主要平台。在大型视频监控系统中，视频监控管理平台的功能越来越强大，其作用不可或缺，已成为弱电集成的核心。

第 7 章　视频监控系统设计原理

随着经济和信息技术的发展,视频监控系统在各行业都被广泛应用,如平安城市、工业园区、城市综合体、写字楼、学校等,在安防、安保、工业生产、居家生活中的应用也越来越多。

面对各行业用户和多样化的业务需求,利用数以万计的安防产品,设计一个满足各种用户需求、经济合理的视频监控系统是非常重要的。

本章首先对视频监控系统的业务需求进行分析得出系统的设计要素,然后针对几个关键的设计要素分别进行选型设计介绍,最后结合视频监控系统的规模对典型组网进行介绍。

7.1　视频监控业务需求分析

各行各业对视频监控系统都有需求,但又由于其自身的特点,对视频监控系统有多样化的业务需求。

平安城市是城域化、智能化的大规模治安监控,覆盖主要路口、重点单位、公共场所,要求有实时的现场视频监控和高清接入,高效可靠的存储策略;录像、图片可随时调用、管理及回放;针对公安业务的多种实用功能,通过网闸实现安全隔离;与 GIS 系统、接处警系统对接集成等。

工业园区和智能楼宇安保监控要求有出入口、楼道、车间等区域概况的实时监控,与门禁、报警、消防等子系统对接联动,可靠的录像存储及调阅等。

商场、连锁店铺监控要求有出入口、柜台等重点区域的实时监控,总店对各分店的统一联网监控管理,录像取证等。校园监控要求有出入口、公共区域人员动态、考场纪律等的实时监控,远程联网监控,录像调阅等。

公路、轨道交通监控要求有对道路交通状况、收费站或站台情况的实时监控,报警快速上报或联动,事故录像调阅取证等。

7.1.1　视频采集系统需求分析

"看得更清晰"是视频监控系统始终不变的追求。"看"要求视频实时性好、图像清晰度高,图像效果能达到动态图像清晰流畅,静态图像清晰鲜明的效果。

监控质量主要用清晰度来衡量，影响监控质量的关键指标是图像采集清晰度、图像编码分辨率和显示分辨率。

图像采集清晰度是获取高质量输出图像的前提和基础，是前端视频采集设备采集视频源的清晰度，反映了视频源图像的精细程度，清晰度越高，图像越细致。

主要的图像采集设备是摄像机，常见的采集清晰度按 TVL（电视线）划分为 480 线、540 线、600 线、700 线、750 线、1000 线等。

图像编码分辨率是编码设备的重要参数。"更清晰"也需要后端解码存储设备的支持，选用与图像采集清晰度相匹配的图像编码分辨率才能更好地保留视频的细节信息，更好地体现采集图像的效果。例如，DVR 的分辨率为 D1，一般为 720 像素×576 像素（PAL 制），有效像素约为 40 万，主要对应 540 线的模拟相机，而 700 线模拟相机的有效像素可以达到 57 万，采用 D1 编码，会白白损失大量的图像细节信息，使高清的视频源只能达到标清的效果，这是对视频源的极大浪费，而采用 960H DVR 的图像可以更好地保留 700 线摄像机的图像效果。目前采用 D1 视频分辨率的视频监控系统越来越少，720P、1080P 等高清分辨率正在成为市场上的主流，相比 DVR+模拟摄像机，NVR+IPC 的组网方式可以带给用户高质量、多细节、大场景的图像效果。

主要的图像编码设备有 IPC、DVR 和视频编码器等，选择高清晰的视频采集设备必须要注意与网络、存储相配套。一般而言，若想呈现更好的图像效果，清晰度越高则需要的网络带宽越大，需要的存储空间越多，相应的监控系统建设成本也就越高。

7.1.2 视频传输系统需求分析

市场上主流的视频监控系统解决方案均基于 IP 网络，而 IP 网络属于分组交换，不同带宽的建设成本不同。在设计视频监控系统承载网络时，需要根据流量模型，合理规划网络带宽，节约整个系统的建设成本。

前端摄像机/编码器将实况数据流量流向视频解码器或媒体转发服务器，将存储视频流量流向存储设备；视频管理服务器将控制信令流向前端摄像机/编码器，该部分流量可以忽略不计。

媒体转发服务器是数据流量的聚集地，需要放置在网络的核心层，还应考虑同时经过媒体转发服务器的最大视频流量，并留有一定冗余的带宽。

存储设备也是数据流量的聚集地，会同时有 N 路视频流量写入，还会有若干路视频流量读出，一般情况下，写入的数据流量要大于读出的数据流量。

视频解码器是容易被忽略的网络堵塞点，尤其是采用客户端解码的方式。一般而言，解码时有几路窗格就有几路码流从 IPC/编码器或媒体转发服务器流向客户端的计算机。

当在监控中心有若干个客户端和解码器同时工作时,需要考虑计算机承载网络的带宽会不会出现瓶颈。

从模拟摄像机到编码器、解码器到显示器等数据传输,为专线专用,只要接口正确,线缆质量及长度在允许范围内,都可以正常使用,较少出现故障。

7.1.3 视频数据存储系统需求分析

视频数据的存储要求能够实现对视频数据的可靠存储,在必要的时候,能够实现对录像的可靠备份;视频录像的查询要求能够方便快速地查询到精确的结果;视频录像的回放要求回放录像清晰、流畅。

清晰、流畅的录像需要清晰的视频采集源和视频编码分辨率来保障。存储作为事后取证的重要依据,视频监控系统对其可靠性的要求不言而喻,存储可靠性主要取决于存储磁盘阵列、存储控制器的性能和可靠性。对于大容量的存储来说,清晰、流畅的回放录像还需要充足、稳定的传输带宽。

由于视频监控系统对录像的需求一般都是 7×24 小时不间断的,而磁盘在长时间不间断运行 1~3 年后,可靠性会急剧下降,因此大中型视频监控系统的存储一定要有容错机制。重要点位(如金库、危险品库等)的录像,还需要更高等级的存储容错机制,避免出现故障时丢失视频数据。

7.1.4 视频显示系统需求分析

显示分辨率是保证图像最终能清晰输出的重要参数。显示设备的尺寸有大有小、支持的分辨率也很多,当显示设备的最佳分辨率与输入信号的分辨率相匹配时,能达到更好的图像还原效果。例如,当液晶显示器呈现低于最佳分辨率的画面时,可以有两种显示方法,第一种为居中显示:如在 XGA(1024 像素×768 像素)的屏幕上显示 SVGA(800 像素 × 600 像素)的画面时,只有屏幕居中的 800×600 个像素被呈现出来,其他没有被呈现出来的像素则维持黑暗;第二种为扩展显示:各像素点通过差动算法扩充到相邻像素点显示,从而充满整个画面,但也会使画面失去原来的清晰度和真实的色彩。当液晶显示器呈现高于最佳分辨率的画面时,也有两种显示方法,第一种是局部显示:屏幕的像素有多少就显示多少,这时只能看到图片的某个部分;第二种是完整显示:这时图片的像素会被压缩,如 2560 像素×1600 像素的图片会被压缩一部分像素,以 1920 像素×1080 像素的分辨率来显示。

常见的显示设备有 LCD 液晶显示器、等离子显示器等,显示分辨率按计算机标准可分为:XGA(1024 像素×768 像素)、WXGA(1280 像素×768 像素)、SXGA(1280 像素×

1024 像素）等；按模拟电视标准可分为：EDTV 480P（704 像素×480 像素）、D-1 PAL（720 像素×576 像素）、HDTV 720P（1280 像素×720 像素）、HDTV 1080i（1920 像素×1080 像素）等。一般 19 寸普屏（5∶4）液晶显示器的最佳分辨率为 1280 像素×1024 像素，19 寸宽屏（16∶10）液晶显示器的最佳分辨率为 1440 像素×900 像素，21 寸普屏液晶显示器的最佳分辨率为 1600 像素×1200 像素，22 寸宽屏液晶显示器的最佳分辨率为 1680 像素×1050 像素，24 寸宽屏液晶显示器的最佳分辨率为 1920 像素×1200 像素。

7.1.5 视频管理系统需求分析

视频管理控制一方面是切换和控制实时图像，要求控制灵活，响应迅速；另一方面是对异常情况的快速报警或联动反应。由于现在摄像机的规模越来越大，存储数据量越来越多，因此还会要求视频管理系统在系统操作、管理数据、获取有效信息上有便捷性。

视频管理系统的运维管理包括配置和业务操作、故障维护、信息查找等方面内容。视频管理系统的运维管理要求操作简单、符合用户使用习惯、自动化程度高，同时兼顾系统信息数据安全。

视频管理系统在控制和管理等方面的要求，主要取决于管理平台的性能和功能。若使用终端控制台，如 PC 机远程操作、控制，由于解码图像将消耗大量 CPU 资源，因此终端控制台的硬件配置高低也会对整体的操作体验有一定的影响。

在大型视频监控系统组网中，还应考虑在海量的视频数据中，是否需要应用，如人脸识别、人数统计、车辆识别、视频浓缩等人工智能应用，把安保人员从繁重的重复劳动中释放出来，增强系统的有效性。

7.2 视频监控系统架构设计

视频监控系统架构设计没有固定的公式，需要根据项目的具体情况进行分析、选择和配置合适的系统。一般而言，由用户提出具体的需求，如点位数量、清晰度、存储时间、业务功能等，再结合用户的预算，选择合适的产品及架构，最大限度地发挥视频管控系统架构的效能。

（1）DVR 架构。在用户预算极其有限，并且在相对较小的场合、点位不多的情况下会采用 DVR 架构，但 DVR 架构已趋于市场淘汰阶段，一般不建议采用。

（2）NVR 架构。NVR 架构是目前中小型视频监控组网的首选，综合考虑系统扩容、业务变更等因素，不建议未来超过 512 摄像机点位的系统采用 NVR 架构。IPC 是部署 NVR 架构的前提，NVR 架构不能与模拟摄像机配合使用，稳定可靠并且有充足网络带宽的网络资源是部署 NVR 架构的先决条件。在设计时，需要考虑 NVR 架构的存储空间和不同级别的数据冗余方式。在重要场景的应用中，NVR 架构还有 $N+1$ 或集群的冗余机制，可以实现高可靠性。

（3）视频管理平台架构。中型视频监控系统会采用视频管理平台架构，将视频管理服务模块、存储数据管理模块、媒体转发模块集为一体。大型视频监控系统往往会分布式地部署各个模块，避免出现单点故障从而影响整个系统。例如，浙江宇视科技的视频监控系统采用 NGN（Next Generation Network，下一代网络）架构，将视频管理模块与存储模块相分离，当视频管理模块出现故障后，并不影响视频数据的存储，避免丢失重要数据。

在大中型视频监控系统中，不仅要关注传统的视频监控业务，还要根据业务需求，设计不同系统的对接应用，每个行业都有各自的应用特点，这是在设计视频监控系统架构时容易被忽略的地方。

7.3 视频监控系统设计及选型

7.3.1 视频采集系统设计及选型

一般可以根据实际的环境、光线、视野、清晰度、智能等方面因素选择摄像机。摄像机选型的特点如图 7-1 所示。

图 7-1 摄像机选型的特点

一般环境下可以选择通用型摄像机。在高温、严寒等恶劣环境下，需要根据现场环境具体的温差范围选择温度适应范围更宽的摄像机，或者可以选择带有高温、防雨、防雪、防沙尘等防护罩的摄像机。在空旷的地区，尤其是山区，需要考虑防雷接地。

在强反光环境下，需要选择具有宽动态或背光补偿功能的摄像机；在道路上由于车辆大灯的影响，因此需要考虑具有强光抑制功能的摄像机；在夜间没有灯的环境下，需要考虑有红外或白光补光灯的摄像机，其中红外补光灯需要和日夜型镜头配合使用才能达到较好的效果。

在需要多角度、全方位监控的场景，如广场、大厅，一般使用球型摄像机或云台摄像机配合固定焦距的枪型摄像机或筒型摄像机，来满足大视野的需求。在固定的小监控场景，如走廊、道路、出入口等，一般使用枪型摄像机或半球型摄像机。

在重要监控场景，如柜台、出入口等，因为需要重点关注人员或事物特征，所以一般需要使用高清摄像机。选择高清摄像机时需要注意，摄像机的分辨率是否与编码器（数字型摄像机需要考虑，网络型摄像机则不需要考虑）、解码器、显示器相匹配，只有整个系统都支持高清摄像机，图像才能够呈现高清的效果。对清晰度要求较低的普通场景可以选择标清摄像机。在重要监控场景，还可以根据业务需要部署带有人脸识别、人数统计、智能跟踪等功能的摄像机，减轻人工压力。

摄像机是视频监控系统的重要组成部分，不同摄像机之间的用途、形态、性能和功能都有很大的差异，在选型时，除摄像机基本的形态外，还有很多需要注意的地方。

摄像机按照传输信号的不同，可以分为模拟摄像机、数字摄像机和网络摄像机，模拟摄像机通过同轴线缆配合 DVR 使用；数字摄像机通过同轴线缆接入高清编码器配合 NVR 或监控平台使用；网络摄像机直接通过网线连入 NVR 或监控平台，目前在市场上这 3 种组网方式较为常见。

摄像机按照形态可以划分为球型摄像机、半球型摄像机、枪型摄像机、筒型摄像机、一体化摄像机、针孔摄像机、卡片摄像机等，可根据环境来选择合适形态的摄像机。需要注意不同形态的摄像机在室内外的区别，室外型摄像机的防护等级更高，至少可以达到 IP65。室外型摄像机可以在室内使用，但室内型摄像机不能在室外使用。根据摄像机监视的区域，还要选择合适焦距、光圈的镜头，以及考虑是否需要夜间补光。

摄像机按照分辨率可划分为标清 D1 分辨率，高清 720P、1080P 等分辨率的摄像机，和 300 万像素、500 万像素、800 万像素等分辨率的摄像机。理论上，像素点越多的摄像机清晰度越高，同时占用的带宽和存储资源就越多。

传统的视频监控系统会大规模使用模拟摄像机，目前也还在继续使用。对于无网络环境或不需要远程网络监控的小规模场景，可选择经济、安装方便的模拟摄像机，搭配 DVR 或混合式 NVR 产品，实现简单灵活的小型场景监控。对于部分特殊场景，如电梯，场景幅度并不大，使用模拟摄像机加编码方式会更方便，因为电梯会经常上下运动，所以使用模拟摄像机较网络摄像机会更经久耐用和稳定。

网络摄像机相比模拟摄像机能提供更高的清晰度，更适合高清监控场景。此外，网络摄像机能通过远程访问方便地实现统一管理，其维护也更加简单、高效。在布线上，网络摄像机用一条网线便可实现视频信号和控制信号的双向传输，部署灵活、布线简单、成本低，适合各种应用场景。

半球型摄像机可应用在走廊、办公室、会议室等对整体建筑风格有一定要求的场景。半球型摄像机为吸顶式安装，受外形限制一般镜头焦距不会超过 20mm，监控距离较短。

枪型摄像机是摄像机最开始的形态，不含镜头，能自由搭配各种型号的镜头，其安装方式使用吊装、壁装均可，室外安装一般要加配防护罩。枪型摄像机、筒型摄像机可应用在对摄像机外形没有太多要求的场景。

球型摄像机一般应用在长距离、大范围的监控场景中，如大型商场、机场、广场、港口、大中型会议室、厂房、公园、室外停车场等，通过变倍可以轻易地捕捉到各种监控细节。

有一类常见的一体化摄像机也可称为筒型摄像机，它集防护罩、镜头、补光灯为一体，也可以与云台配合，应用在石油石化、高速公路、平安城市等高清监控场景。

分辨率是体现图像细致程度的参数，直接反映了图像包含的数据信息。低分辨率图像包含的数据信息不够充分，当把图像放大为一个较大尺寸观看时，会显得相当粗糙。所以必须根据图像的最终用途选择有正确分辨率的摄像机，保证图像包含足够多的数据，能满足最终输出的需要。一般不需要关注细节的监控场景，使用 D1 标清分辨率摄像机就可以满足要求，对于道路车辆监控、金融、图像处理等特殊监控场景，需要关注车辆车牌、货币交易对象及实物等，则需要使用 720P、1080P 或更高分辨率的摄像机才能满足高清晰度要求。

当在强光源（日光、灯光或反光灯）照射下的高亮度区域及阴影、逆光等相对亮度较低的区域在图像中同时存在时，摄像机输出的图像会出现明亮区域因曝光过度成为白色，而亮度较低区域因曝光不足成为黑色的情况，严重影响图像质量。在这种图像存在高反差的场景，如商场玻璃柜台、玻璃大门口、隧道出入口等，一般需要使用宽动态摄像机，确保光线明暗区域的画面都能清晰地呈现。

在医院、金融、酒店、写字楼、住宅小区、校园、港口、高速公路等对摄像机性能要求比较高的场景，由于常规型摄像机难以满足 24 小时连续监控的需求，因此低照度摄像机成为首要选择。特别对于在夜间光照不足，又不可能大规模安装补光照明设施的场景，要想得到较好的监控效果，就需要安装低照度摄像机，这样能保证监控效果，能简化系统构成，能有较好的可靠性和较低的成本。

低照度摄像机一般无须灯光辅助就能够辨别低照度环境下的目标，其原理是运用摄像机本身的感光组件 Sensor（传感器）、图像处理单元 ISP/DSP 及镜头光学。低照度摄像机主要依靠自身性能在微弱光线下获得较好的监控效果，对外部环境依赖较小，在特殊场景下，夜间能实现隐蔽监控。

通常用最低环境照度要求来表示摄像机的灵敏度，黑白摄像机的灵敏度大约是 0.02-0.5Lx，彩色摄像机的灵敏度多在 1Lx 以上，应根据监控目标的最低环境照度选择不同灵敏度的摄像机。一般来说，监控目标的最低环境照度应高于摄像机最低照度的 10 倍。

一般日夜型摄像机的低照度以彩色时 10-2Lx 及黑白时 10-3～10-4Lx 的模式来标示。日夜型摄像机利用黑白影像对红外线高感度的特点，在特定的光线条件下，利用电子机械线路切换滤光片（ICR Cut）或直接切换为黑白信号，即在感应红外线后将影像由彩色模式切换为黑白模式。而在彩色/黑白模式转换的过程中，因为去除了红外滤光片，使画面成像焦点产生了变化，所以必须搭配 IR 镜头，使日夜成像焦距保持一致，以避免影像焦距模糊及色彩表现不正确等缺点。自动日/夜转换功能使摄像机可在白天拍摄到高质量的彩色图像，并且在夜间也能拍摄到清晰的黑白图像，适合 24 小时监控的场景。

红外线摄像机（IR Camera）是目前除日夜型摄像机以外较好的另一种低照度与夜视摄像机，可分为摄像机内置 IR 灯及外挂 IR 辅助投射灯两种。因为 CCD 及 CMOS Sensor 感光组件可以感应大部分可见光及红外光光谱范围，所以可在夜间无可见光照明的情况下，辅助红外光灯照明使 Sensor 感应更清晰的影像。同时，红外线摄像机的感光组件在黑白模式下比在彩色模式下具有更高的光感灵敏度，可在黑暗的环境中获取更清晰的影像，所以在红外灯的辅助照明下，可做到在 0Lx 环境条件下的监控应用。

现在市场上常见的还有星光级摄像机，通常是指在星光环境下无任何辅助光源，可以显示清晰彩色图像的摄像机。

摄像机的选择，除要考虑形态样式、清晰度、光线环境因素外，还有其他一些方面需要考虑，如报警接口、音频接口、网口或光口等。在工程施工方面还需要根据实际环境选择合适的供电方式。

在一些特殊的应用场景下，需要根据摄像机的物理防护来选择相应的摄像机。摄像机的物理防护基本可分为防暴力、防爆炸和外壳防护三类。防暴力摄像机是在外力暴力打击下仍然可以保持正常工作的摄像机，其特点是外壳具有很强的抗击打能力，此类产品一般需要提供锤击、冲击试验检测报告。防爆炸摄像机是指摄像机采用了防止产生电火花等防爆设计，在易燃、易爆场景下不会引发易燃、易爆气体或液体的爆炸，此类产品需要提供防爆炸报告。外壳防护摄像机主要涉及防水、防尘、防止外物入侵等内容，外壳防护摄像机的标准有 IP65、IP66、IP67。智能建筑使用的摄像机，其物理防护主要体现在外壳防护上；防暴力摄像机与防爆炸摄像机只在特定条件下才会应用。这些特殊摄像机的出现和应用，使安装在一些容易遭受恶意破坏或自然环境恶劣场景下的监控设备能够正常工作，为我们的日常生活、生产和工作带来了高安全性的保障。

镜头的焦距应根据视场角的大小和镜头与监视目标的距离确定。当摄取固定监控目标时，可选用定焦镜头；当视距较小而视角较大时，可选用广角镜头；当视距较大时，可选用长焦镜头；当需要改变监控目标的观察视角或观察范围较大时，可选用变焦镜头。

某人距离摄像机 10m，若要看清人脸，则用 20mm 左右的镜头；若要看清人体轮廓，则用 10mm 左右的镜头；若要监控人的活动画面，则用 5mm 左右的镜头。总结起来，如果某人距离摄像机×m，若要看清人脸，则用 2×mm 左右的镜头；若要看清人体轮廓，则用×mm 左右的镜头；若要监控人的活动画面，则用×/2mm 左右的镜头。

如果摄像机和监控物体之间的距离不变，则焦距越大、物体细节越清晰、视角越小；焦距越小、视野越广、细节越模糊。

根据场景是否变换可以选择固定焦距、手动焦距和电动变焦镜头。通常固定焦距、手动焦距镜头在道路监控、走廊监控等固定场景下使用，一般搭配枪型摄像机或内置在筒型摄像机、半球型摄像机中。而电动变焦镜头在广场、路口等全方位监控场景下使用，一般搭配枪型摄像机或内置在筒型摄像机、球型摄像机中。

根据光线情况选择固定光圈、手动光圈和电动光圈镜头。通常固定光圈、手动光圈镜头在会议室、教室等室内光线变化不大的场景下使用。由于场景光线在多数情况下都是变化的，因此电动光圈的应用更加广泛，如建筑物外的广场、室外道路、园区周界、室外停车场等室外场景一般都需要选择电动光圈镜头。

镜头的解像力也叫分析力、分辨力，是指可以鉴别非常靠近的两个物体之间的能力。解像力反映一个镜头所摄影像的清晰度和明锐度，是衡量镜头好坏的重要指标。胶片时代的解像力是利用投影或实拍鉴别率板上的黑白线条来实现的，通常以线对/毫米（lp/mm）表示，好的镜头中心视场为 50～70 线对，边缘视场为 40～50 线对。MTF 函数是以对比度来评价解像力的代表性方法。根据 MTF 函数可以知道，百万像素镜头在空间频率数高的频带处也可以维持高的 MTF 值，即能确保镜头画面在中心和边缘部位都能获取高的解像力。所以百万像素摄像机在选择镜头时必须选择百万像素镜头。

镜头接口和孔径的选择以合适为宜。

7.3.2 视频显示系统设计及选型

视频显示系统一般用在门岗、监控分中心及监控控制中心 3 个典型场景。

视频显示系统在门岗的应用较为简单，主要是出入口控制端或是附近出入口及边界的视频监控实时图像。在该应用场景下，视频显示系统大多为 CRT 或 LED 显示器，配合计算机、云终端、NVR、DVR 等显示输出设备使用。在产品选型时，需要注意选择与前端显示配套分辨率的产品，以及与显示输出设备配套的视频接口。

监控分中心在平安城市的区级公安分局或大型工业园区中配置，是通过实时视频图像完成就近指挥调度的地方，在视频显示方面没有特别之处，甚至可以参照监控控制中心的配置进行建设，相对而言，监控分中心视频显示单元的数量略少。

监控控制中心是整个视频显示系统中人机交互最多的地方，大量的实况监控、录像回放等都是在监控控制中心完成的。视频显示系统常见的设备有解码器、电视墙、控制计算机和控制键盘等。由于现在摄像机越来越多，作为整个系统核心的监控控制中心，应该尽可能地将关键点位摄像机的实况图像显示出来，因此拼接屏得到了越来越多的应用。拼接屏主要由多个显示单元及图像控制器构成，可用于一个画面全屏幕显示或多个画面、多个窗口显示。原始输入信号可以是解码器、计算机信号等，通过图像处理器分配到拼接屏。拼接屏的每块屏都可以显示一个完整的视频源图像，也可以几块屏合起来作为一个显示来单元显示图像。图像处理器可以实现电视墙的布局调整、窗口调用、矩阵切换等功能。常见的拼接屏为 LCD 屏，拼接方式为 2×2、3×2 等，前一位数字代表横排有几块拼接屏单元，后一位数字代表竖排有几块拼接屏单元。整个拼接屏系统的控制核心在图像处理器，由图像处理器来控制拼接屏上显示的内容。

7.3.3　视频传输系统设计及选型

1. 视频监控承载网的业务需求

因为视频监控的数据流量具有突发性，而网络堵塞将对实况监控画面产生影响，所以在设计视频监控的承载网时，必须考虑突发的实况、回放数据引起网络堵塞的情况。必须考虑的情况有以下几种。

（1）视频流在微观上看不是均匀的。

（2）接入交换机下的多个前端设备容易造成上行口堵塞。

（3）在考虑接入交换机的带宽时，需要同时考虑 24 小时的存储流、正常的实况流，以及是否会有突发的实况流。

（4）汇聚层交换机需要考虑接入层交换机的总带宽。

由于单路视频的分辨率逐渐由标清向高清转变，因此对传输的码率要求也在逐渐提高。普通的标清 SD 图像一般需要 2～4Mbps 码率承载传输，高清 HD 图像一般需要 4～8Mbps 码率承载运输，并且随着接入的前端图像数量越来越多，交换机的接入背板带宽需要与之相对应地有所增大。同时对于多媒体数据流量来说，当图像中运动景象较多时，编码后的数据流量会突发增大，因此对于一个接入交换机来说还需要考虑码率突发对接入缓存的影响。一般来说，一个普通的百兆接入交换机在设计接入摄像机路数时不能按满载接入设计。

容易产生网络堵塞的地方在接入交换机和汇聚交换机的上行口和解码设备接入交换机的上行口。交换机之间的互连用百兆接口接入，存储设备、数据管理服务器及媒体分发服务器用百兆接口接入，这些地方都容易造成网络瓶颈，在设计的时候应尤为注意。

视频实时数据报文经过编码压缩后在网络上传输，若网络丢包造成数据报文的丢失，那么就会带来大量的原始视频信息丢失，在还原视频图像时，用户就能感觉到明显的质量损伤。视频存储数据一般要求可查证、可追溯，对可靠性要求高，网络的震荡、故障乃至中断都会对业务可用性、数据可靠性造成威胁。视频业务的这种特点对 IP 承载网络提出了高可靠性要求，IP 承载网络需要在数据报文传输、故障恢复时间的保障上有更高的标准。

根据公安部标准 T.669 的要求，监控传输网络对网络延时、抖动值、丢包率及误码率都有一个行业的监控应用标准。基于交换机的硬件交换，可以控制数据报文的转发速率、丢包率及码率传输的误码率在较低的范围，能够满足监控业务的要求。但是出于目前网络中业务应用的复杂性及网络本身的安全性考虑，监控网络故障若要求能够迅速恢复，则需要结合网络中比较成熟的高可靠性冗余备份技术，如交换网络中的 VRRP、RRPP、Smart Link 等。

视频内容本身影响视频质量的情况，主要有以下 3 个方面。

（1）块化：由低码率和低质量的压缩算法造成的损伤，可明显看到画面的分格化、色块及色彩过渡不均。

（2）模糊：由片源编码压缩降低了分辨率造成的损伤，表现为画面模糊、不锐利、缩小画面后会有好转。

（3）闪动：由不合适的采样频率造成的损伤，表现为跳帧。例如，在有荧光灯的室内，若采样频率不对，则摄像机画面会出现闪动现象。

网络质量对视频图像的质量有致命的影响，通常传输实况采用 UDP，在丢包率低的情况下，可以尝试改用 TCP 传输实时视频，通过 TCP 重传机制，可以减少丢包造成的影响。

因为视频监控系统容易发生网络堵塞造成的图像卡顿等异常，所以在设计视频监控系统时需要了解视频数据流量的模型，视频数据的汇聚点，需要规划好带宽，避免出现网络瓶颈。

摄像机 24 小时会发送一路存储流，有需要的时候会至少发送一路实况流，如果有媒体分发服务器,则由媒体分发服务器进行实况流的复制分发。存储设备用于接收前端的存储流,是一个数据的汇聚点,需要用千兆接入;监控中心的 Web 客户端(软解码)及硬解码用于接收实况流,尤其是 Web 客户端(软解码)的每个窗格就是一路实况流,假设采用 4MB 的实况流,那么 16 个窗格解码就会产生 64MB 码流的流量,所以需要考虑解码时需要的最大带宽。

在设计视频传输系统时,需要注意前端摄像机接入交换机的汇聚节点,存储、存储管理服务器、媒体分发服务器的汇聚节点,软解码、硬解码的汇聚节点,这 3 个地方都容易产生网络堵塞。

2. 视频监控承载网的拓扑结构及设备选型

中小型视频监控系统的拓扑结构多采用接入层、汇聚/核心层两层结构,大型视频监控系统则采用接入层、汇聚层、核心层三层结构。核心层的主要功能是数据流量的高速交换,充分考虑链路备份和流量的负载分担;汇聚层的主要功能是完成接入层数据流量的汇聚,实现三层和多层的交换;接入层的主要功能是提供独立的网络带宽,划分广播域,基于 MAC 层的访问控制和过滤。在视频监控承载网中,摄像机等终端设备通常和接入层设备连接,所以接入层需要实现尽可能高的带宽和端口。

(1)接入层交换机的选择。

接入层交换机下连前端网络高清摄像机,上连汇聚交换机。以 1080P 网络摄像机 4MB 码流计算,那么一个百兆口接入交换机最大可以接入几台 1080P 网络摄像机呢?

常用交换机的实际带宽是理论值的 50%~70%,所以一个百兆口接入交换机的实际带宽在 50MB~70MB。4MB×12=48MB,因此建议一台百兆口接入交换机最多接入 12 台 1080P 网络摄像机。考虑目前网络监控采用的动态编码方式,摄像机码流峰值可能会超过 4MB 带宽,同时考虑带宽冗余设计,因此一台百兆口接入交换机控制在 8 台以内是最好的,超过 8 台建议采用千兆口。

(2)汇聚/核心层交换机的选择。

在中小型视频监控系统中,汇聚层与核心层是合并在一起的。汇聚层交换机的性能比接入层交换机的要求要高,下连接入层交换机,上连监控中心视频监控平台、存储服务器、数字矩阵等设备,是整个视频监控系统的核心。在选择核心交换机时必须要考虑整个系统的带宽容量及带宽分配,否则会无法流畅显示视频画面。因此监控中心建议选择全千兆口核心交换机。若点位较多,须划分 VLAN,还应选择三层全千兆口核心交换机,摄像机数量超过 150 台的大型视频监控系统应考虑三层万兆口交换机。

承载平安城市系统的是标准三层大中型数据通信网络,除传统的接入层、汇聚层、核心层三层网络设计外,结合视频监控系统流量模型,还需要考虑接入带宽需求、接入方式多样性需求、接入流量突发需求、组播需求、核心网络冗余备份需求。

3. 视频监控承载网的网络接入技术

大型视频监控系统的承载网,首先要满足汇聚层、接入层的接入方式,常见的接入方式有电口、光纤、EPON、Wi-Fi 等,其次要满足接入层交换机的带宽需求,上行带宽能够满足存储及并发实况的需求。在设计汇聚层网络时,要有冗余带宽,避免产生网络瓶颈;在设计汇聚层与核心层时,可以综合考虑视频监控系统的重要性,设计双机或双核心、双链路备份。

在网络带宽成本高,尤其是监控范围很广的情况下,可以考虑采用组播的方式接入前端,在选择交换机时需要选择拥有组播功能的交换机。

核心层网络关注的重点是高性能和高可靠性,可以实现视频监控系统服务器、存储设备的高速接入,构建统一的数据交换中心、安全控制中心与网络管理中心。核心层网络设备一般选择千兆口或万兆口的交换机,主要看承载的视频监控系统的规模大小。

当解码器和视频管理客户端通过单播接收实时视频图像时,将解码器和视频管理客户端连接至交换机,同时保证视频流带宽满足要求即可。

当解码器和视频管理客户端需要通过组播接收实时视频图像时,监控网络中的交换机必须支持组播功能。三层交换机需要支持 IGMP、PIM-SM,二层交换机需要支持 IGMP Snooping 及未知组播丢弃功能,防止组播报文在二层广播发送。

存储通常使用单千兆链路或双千兆链路聚合方式与网络相连,以满足实时存储和点播对高带宽的需求。

数据管理服务器若需要转发流量,则对带宽要求较高,通过千兆口接入网络;视频管理服务器若只是负责管理,则对带宽的要求较低,可以采用 10/100MB 以太网口接入。

在视频监控系统中,接入视频/图片流转发的服务器,都建议采用千兆口接入,避免产生网络瓶颈。

在商店、超市等超小型据点,一般采用以太网、POE、Wi-Fi 接入,这类据点对价格敏感度高,点位数量相对较少,所需要监控的面积也相对较小,采用 POE 技术接入可以简化布线。网络接入场地类型如图 7-2 所示。

在楼宇、园区等中小型据点,除可以采用以太网、POE、Wi-Fi 接入外,超过 100m 还可以考虑采用多模光纤或 EPON 接入。在园区内,EPON 接入技术是相对性价比较高的一种接入方式。

在城域范围内,以电口接入为主,辅助光纤、EPON 接入方式,若要考虑数据安全,

EPON接入技术是比较好的选择。

在广域的视频监控系统承载网中，线路成本是不可忽视的因素，所以采用Internet接入的方式比较多见。但是通过Internet传输，一方面无法保证传输质量，会导致观看实况出现卡顿等情况；另一方面无法保证数据的安全性，视频图像可能会被人窃取。广域网络视频监控系统多用于平台与平台之间的对接，需要在设计时考虑实况和调用录像时所需要的带宽。

图7-2 网络接入场地类型

EPON（Ethernet Passive Optical Network，无源光网络）通过单纤双向传输方式，可以实现视频、语音和数据等业务的综合接入。

EPON采用非对称式点到多点结构，中心端设备OLT（Optical Line Terminal，光线路终端）既是一个交换路由设备，又是一个多业务提供平台，提供面向无源光纤网络的光纤接口（PON接口）。OLT与多个接入端设备ONU（Optical Network Unit，光网络单元）通过POS（Passive Optical Splitter，无源分光器）连接。POS是一个简单设备，不需要电源，可以置于相对宽松的环境中，一般一个POS的分光比为2、4、8、16、32，并可以多级连接。EPON采用的WDM（波分复用技术，属多路复用的一种）技术和TDM（时分复用）技术，上下行采用不同的波长传输数据，上行波长为1310nm，下行波长为1490nm。

EPON消除了局端与用户端之间的有源设备，避免了外部设备的电磁干扰和雷电影响，减少了线路和外部设备的故障率，提高了系统的可靠性，同时节省了维护成本。EPON采用点到多点的用户网络拓扑结构，减少了光纤及光收发器的数量。EPON目前可以提供上下行对称的1Gbps的带宽，并且随着以太技术的发展可以升级到10Gbps的带宽，保证了高清视频监控的高带宽需求。EPON提供端到端的安全保障机制，杜绝了外界的

第 7 章 视频监控系统设计原理

非法入侵和攻击。园区监控和道路监控环境中广泛采用 EPON 接入技术。

4．视频监控公网接入技术

视频监控应用逐渐由孤立的小局域网向广域网联网监控发展，如教育行业联网视频监控、加盟连锁店铺联网监控。联网监控一般有如下几个特点。

（1）两级架构：场所分控、中心监管。

（2）场所分控：录像前端存储（DVR/NVR）。

（3）中心监管：业务监管，业务以实况、录像调阅和报警联动为主。

（4）弱管理：数据在本地场所局域网内集中，网间流量小。

（5）场所众多：各场所自建联网终端，同时有访问 Internet 或 OA 办公需求。

（6）网络低廉：成本控制紧，基于广域网构建承载网络。

（7）双 NAT 穿越：集团数据中心 NAT，场所 NAT。

广域场所联网中的集团数据中心和监控中心对安全性有较高的要求，不可能将服务器直接暴露在公网上。通常使用 NAT 技术构建安全的企业内网，可以通过防火墙与广域网隔离，并使用专线的方式接入广域网。联网的各个场所通常使用 ADSL、VDSL、FTTx 等方式接入广域网，本地部署 NAT 可以实现多台设备、PC 同时上网。

在广域网接入方案中，通常最先想到的就是基本的 NAT 端口映射，即在私有网络地址和外部网络地址之间建立"地址＋端口"的映射关系，通过开放信令端口、业务端口的方式实现穿越防火墙的互联互通。

但 NAT 端口映射方式存在很多限制，在复杂组网，如多重 NAT 组网环境下，可能无法实现正常的监控业务。而且监控业务涉及端口众多，维护工作量大，容易出错，不易用，还严重降低了 NAT 防火墙转发性能。在 NAT 端口映射方式下，通常视频联网还需要使用独立的广域网接入，会增加租用成本。

通过改变 IP 报文中的源或目的 IP/端口实现 NAT，解决了 IP 地址不足的问题，隐藏并保护网络内部的计算机，可以有效避免来自网络外部的攻击。NAT 使 IP 会话的保持时效变短，依赖 NAT 网关对会话的保活时间要求。NAT 将多个内部主机发出的连接复用到一个 IP 地址上，使依赖 IP 地址进行主机跟踪的机制都失效。

NAT 破坏了 IP 端到端模型，对应用层数据载荷中的字段无能为力，使跨内、公网通信的端口协商、地址协商，以及公网发起的通信困难，所有数据面与控制面分离的通信协议都会面临这个问题，如 FTP、SIP、RTSP、H323 等。NAT 工作机制依赖修改 IP 包头的信息，这会妨碍一些安全协议的工作。NAT 场地类型应用如图 7-3 所示。

图 7-3　NAT 场地类型应用

随着监控行业的不断发展，家庭/中小企业用户的广域网监控需求日益增加，用户可以通过手机或 PC 客户端便捷地远程访问监控设备，查看实时监控画面。

DVR、NVR 或 IPC 等设备支持 PPPoE，可直接自动拨号接入公网，即支持 PPPoE 自动拨号功能的设备拨号获取公网 IP 地址，通过这种方式获得的 IP 地址是动态的。

DVR、NVR 或 IPC 等设备也常通过路由器接入公网。DVR、NVR 或 IPC 等设备接路由器，路由器通过拨号或别的方式获取公网 IP 地址，需要在路由器中做端口映射，这种方式获得的 IP 地址可能是动态的。

以上两种接入公网获得动态 IP 地址的方式，给设备的访问带来了很大的困扰。动态域名服务 DDNS 为用户提供域名与设备动态公网 IP 地址的映射服务，使用户可以通过域名获取对应的动态 IP 地址。用户设备每次连接公网时，设备上的 DDNS 客户端程序就会将自身的动态 IP 地址注册给 DDNS 服务提供商的服务器，DDNS 服务提供商的服务器负责提供 DNS 服务并实现动态域名解析。目前业界有很多 DDNS 服务提供商，如花生壳、金万维等，通常是收费服务。

DDNS 服务提供商通常采用收费服务，用户使用的成本较高，但即使存在免费服务，其服务的质量也很难得到保证。鉴于此，浙江宇视科技推出了自己的免费 DDNS 服务 EZCloud。用户可以通过浏览器或手机客户端随时访问已注册 EZCloud 服务的宇视设备（DVR、NVR 和 IPC 等）。用户无须注册第三方域名，即可方便、快捷地访问公网中的设备。

7.3.4　视频存储系统设计及选型

因为事后查阅、取证是视频监控系统的一个重要业务功能，所以视频监控系统需要高性能、高可靠性、易用性的存储设备。视频监控系统还需要考虑前端摄像机点位的扩

第 7 章　视频监控系统设计原理

容,所以也需要存储的可扩展性。

随着视频监控行业对视频清晰度要求的提升,高清摄像机接入得越来越多,码流带宽也逐渐增多,高清 720P、1080P 的带宽需求在 2~8Mbps。终端多路高码流的接入存储,要求存储设备与终端之间有充足的带宽保障,要求存储设备本身具有高带宽的处理能力。

因为视频监控系统的录像存储通常都是 24 小时不间断写入的,而录像的读取,如录像回放要少很多,所以视频监控系统的存储具有写多读少的特点。在这种高强度的运行模式下,要求存储设备具有多路数高效的处理能力和高可靠性。

视频监控存储的可靠性体现在硬盘、阵列的可靠性上。对于重要的存储数据,通常要求单个的硬盘故障不会影响正常存储业务,这就要存储设备的冗余阵列来实现。

文件系统对文件的存储分为两部分,即元数据和数据,这两部分数据在硬盘上的划分是不连续的,再加上元数据都是小数据块(如 NTFS 中每个 MFT 项的大小为 1k),这样最终在存储资源上出现了小块随机读写。文件系统对数据存储是按数据块来分配的,这样就有可能导致数据不是存储在物理地址连续的数据块上,这种不连续会产生随机读写的流量模型。

裸数据块直存方式是根据业务自有的数据结构存放在物理硬盘上的,如果业务的数据结构是顺序的,则它最终在物理资源上就是顺序读写流量模型;如果业务的数据结构不是顺序的,如数据库(在某个表空间的某个表中修改某几条数据或读取某个表中的几条数据),则它最终在物理资源上就是随机读写流量模型。

文件存储的方式便于拷贝转存,但裸数据块不行。文件存储查询缓慢,当前文件不可靠,无法立刻调阅。裸数据块比文件系统更具安全性,服务器的突然掉电不会导致裸数据块中的文件系统损坏从而导致数据丢失。裸数据块的存储效率高,没有文件瓶颈,可以支持各种文件系统;查询快,容量可以管理,数据可以随存随看。

存储阵列的选择需要结合实际使用。如果主要考虑经济性,对冗余性要求不高的场景,如部分不重要摄像机点位的存储,可以选择 JBOD 或 RAID 0,这样可以充分利用硬盘的容量,且成本低。对冗余性要求高、又考虑经济性的场景,可以选择 RAID 5,实现阵列冗余的同时可以最大限度地使用硬盘容量。对冗余性要求很高、不考虑经济性的场景,可以选择 RAID 1 或 RAID 10,通过一半硬盘的容量,来实现 1∶1 高度的冗余。

硬盘有效数量的计算是监控存储设计的重要环节,关系到存储设备的选型。硬盘有效数量的计算主要需要考虑以下几点。

(1)接入摄像机的码流大小。

(2)接入摄像机的路数。

(3)存储时长。

(4)硬盘本身的有效容量。

(5)阵列有效硬盘数量。

(6)冗余(码流波动)。

(7)热备盘。

存储设备的选型,一般根据存储规模来选择。在小规模,几路、十几路、几十路摄像机集中接入的小型视频监控应用中,可以直接使用混合型的 DVR 或经济型的 NVR 进行单机存储。混合型的 DVR 或经济型的 NVR 是一体化设备,具有人机操作功能,部署简单,使用方便。

在中小规模视频监控系统中,几十路、上百路摄像机的集中接入,可选用中高端一体式 NVR 进行存储,也可以通过 PC 端的 Web UI 进行统一管理。中高端一体式 NVR 管理与存储一体化,支持人机操作,继承了 DVR 的使用习惯,功能精简、可操作性强;Web UI 功能多样、操作灵活。

在大规模视频监控系统中,几百路、上千路摄像机的接入,可选用管理平台与网络存储设备分离的分体式 NVR 或专业 IP SAN 设备。分体式 NVR 或专业 IP SAN 设备可以将存储与信令处理、媒体转发处理相分离,通过分布式部署,提高系统的性能和可靠性,因其具有丰富的 RAID 和其他保护机制,所以具有高可靠、高性能、强扩展、多功能的特点。

存储的备份方案通常分为两种:双直存和录像转存备份。

(1)双直存。终端 IPC 同时发出两路存储码流,一路存储码流直接往本地的 NVR 上存储;另一路存储码流往远端的第二录像存储盘阵上存储。在双直存的方案中,本地和远端的存储都是同时进行的,对网络带宽要求比较高。

(2)录像转存备份。终端 IPC 只发一路存储码流,直接存储在本地 ECR/NVR 中,再通过备份计划把本地 ECR/NVR 中的录像以全帧或抽帧的方式备份到远端的第二录像存储盘阵中。备份开始时间可以设置,一般选择网络整体负载较小的时间段进行备份。录像转存备份方案只是对已存储的录像进行备份,且录像的远端备份和本地存储不是同步进行的,所以对网络的带宽影响较小。

7.3.5 视频管理控制系统设计及选型

视频管理控制系统是整个视频监控系统的核心,也是做人机交互最多的地方,它的易用性决定了整个视频监控系统的工作效率。但视频管理控制系统的业务并不是越多越好，而是应针对该系统要达到的目标，最有效地实现关键业务。

根据摄像机数量及实时视频流、存储流、回放流并发数和未来几年的业务变化需求，决定采用DVR、NVR还是采用集中式、分布式的视频管理平台。

1．小型组网DVR选型

选用DVR的组网环境一定是非常小的组网环境，并且是在经费非常紧张的情况下做的选择。在选择DVR时，可以从录像速度、储存容量及备份、图像清晰度和操作简便与否等重要性能上做选择。但并不是要一味地追求速度快、容量大、清晰度高，实际上这3种性能能是互相制约的，不可能要求都达到最好。而操作简便与否，也常被设计人员忽略，直到在安装时才发现，浪费了许多时间。

（1）录像速度。

对录像速度而言，所有的DVR在实时状态下都是25画面/秒或是50画面/秒（PAL格式）的。如果同时记录16路图像，那么每路图像的速率只有每秒25/16图场或每秒50/16图场。在多路记录图像时，某些DVR采用先进的影像位移检测的方式可以大幅度提高录像速度，活动图像的记录速度实际上几乎可以达到实时，比没有影像位移检测功能的DVR快出许多倍。

（2）存储容量及备份。

存储容量也是越大越好，但最重要的是要有接口连接外部数字存储设备，进行图像数据的备份，只有经常进行备份，才能保证有价值的图像能够被安全地保存下来，并方便地进行传输。把几个月的图像都存储在机器内置硬盘上的做法是很不明智的，一旦硬盘损坏，所有资料都将完全丢失。

（3）图像清晰度。

图像清晰度的高低直接反映了DVR的品质，但从技术原理上说，图像清晰度越高，占用的存储容量就越大。根据实际情况调节图像清晰度的高低，才是最好的设计，几乎各厂商的产品都已经做到了这点。

（4）操作简便与否。

操作简便与否最终决定产品在实际应用中的适应性，越来越多的用户希望按一个键就能完成所有的操作，但很多厂商往往会忽略用户使用电器设备时的整体素质，把产品功能设计得繁多，操作过于复杂，结果难以得到推广。为了改善这个缺点，现今很多厂商都在不断地改进自己的产品，如采用人性化的键盘，简化日常的操作，或者增加计算机网络接口功能，以及顺应网络发展潮流等，以扩大在市场中的占有率。

2. 中型组网 NVR 选型

越来越多的小型 DVR 组网被 NVR 组网取代，在中型视频监控系统中更是如此。NVR 按照硬件平台可分为三种架构：第一种是专用硬件架构，采用嵌入式操作系统，这是目前市场上比较流行的架构；第二种是工控机的硬件架构，采用嵌入式或通用的操作系统；第三种则是纯软件式架构。

第一种 NVR 架构是主流厂商采用的架构，其产品稳定、功能齐全、接口丰富、成本也较低，为无特殊业务的推荐产品。第二种 NVR 架构由于是通用 PC 架构，接口单一，并且在长时间运行后稳定性较差，但当有二次开发需求时，相对开发难度低。第三种纯软件的 NVR 架构，硬件选择范围大，二次开发难度低，但欠缺稳定性和兼容性。

在选择 NVR 时，可以根据最大接入路数、可扩展性、最大接入带宽、最高视频分辨率、存储盘位及容量、是否支持 POE 供电 6 个方面来选择。

（1）最大接入路数。

最大接入路数指单台 NVR 支持接入 IPC 的最大数量。

（2）可扩展性。

可扩展性指达到单台 NVR 支持的最大路数是否通过软件授权或通过硬件堆叠、级联等方式对系统进行扩展。主要考虑系统在未来 3~5 年内是否有扩容的可能。

（3）最大接入带宽。

最大接入带宽指 NVR 可接入的最大带宽的数据（如 32Mbps、64Mbps 等），需要大于接入的所有 IPC 的码流之和，即 NVR 最大接入带宽≥（IPC 主码流+子码流）×路数。

（4）最高视频分辨率。

最高视频分辨率指 NVR 支持接入 IPC 的最高分辨率，如 1920 像素×1080 像素（1080P、200 万像素），分辨率越高，画面越清晰。

（5）存储盘位及容量。

存储盘位：指 NVR 可接硬盘（SATA 接口）数量，一般有单盘位、双盘位等，高端的 NVR 还有扩展柜。

存储容量：指单个硬盘的存储容量，如 2TB、4TB 等。

存储盘位及容量直接影响 NVR 的存储周期（即录制时间），XTB 硬盘在不同路数、不同分辨率下有不同的存储周期。

（6）是否支持 POE 供电。

NVR 是否支持 POE 供电，是否可以为支持 POE 供电的 IPC 供电。IPC 可以直接连接 NVR，不需要额外连接 POE 交换机。前端 IPC 的部署只需要一根网线即可完成电源和数据信号的传输。

3．大型组网视频管理平台选型

中型视频监控系统会采用集中式部署视频管理平台，将数据存储管理模块、流媒体转发模块安装在一台服务器上；大型视频监控系统则会采用分布式将不同的模块安装在不同的服务器上。在大型组网中，视频管理平台需要考虑以下几点因素。

（1）稳定性。

当整个视频监控系统搭建完成后，剩下的就是考虑视频管理平台和硬件的负载承受能力、工作效率和使用寿命。就视频管理平台而言，更多的是考虑视频管理平台的稳定性，其实就是要考虑视频流畅、低延时的问题，服务器太慢或死机都是不稳定的表现，会大幅提高维护成本。然而视频流畅、低延时的要求在有效的带宽条件下也是黯然失色的。同时在如今网络面临越来越多安全威胁时，承载平台的操作系统安全性也是需要关注的，如嵌入式 Linux 操作系统就会比普通 Windows 操作系统的稳定性和安全性高。

（2）与第三方设备/系统联动。

视频管理平台的整合性是有限的设备品牌支持，是谈不上整合性和兼容性的，只有第三方的软硬件支持，才能让系统如虎添翼。视频管理平台应该能够通过网络端口、串行端口等端口与第三方的输入、输出设备进行联动，如警报触发、录像触发，以及专用的行业特别应用等。视频管理平台一般都应该支持最通用的协议，如 TCP/IP、HTTP 等。

（3）兼容性。

视频管理平台的兼容性和扩展性是选择专业视频管理平台时首要考虑的重要因素。视频管理平台的兼容性是指能兼容市场上主流厂商的前端网络摄像机，以及 DVR、NVR 等，可以支持 ONVIF 和国际标准协议，做到标准化兼容的效果。

（4）开放性。

IP 系统的一大特点就是有开放式的基础架构，其扩展能力和整合能力都非常强。视频管理必须能对其他子系统具有良好的整合能力，而且对第三方插件的支持能力也不容欠缺，这在系统升级和维护方面都能起到积极的作用。一般来说，一个优秀的视频管理系统应该可以跟市场主流的智能视频分析软件、报警系统、门禁系统、PSIM 平台，甚至行业专用系统，如 POS 系统等兼容，并实现无缝整合。

（5）多点远程集中管理。

视频监控系统还有个优点就是能实现多点远程集中管理，在节点扩展应用方面更加方便。视频管理平台能对多个点的视频资源集中管理和运用。

(6) 分级、分权业务管理。

视频管理平台的控制在安全方面需要一定的权限，这符合系统的安全设计。视频管理平台分级、分权的业务管理，能满足大型系统多个使用者的需求。

(7) 人机操作界面。

友好、简洁、更人性化的人机操作界面和良好的移动客户端支持，都是视频管理平台在选择时应该考虑的因素。

(8) 强大的业务功能。

视频管理平台强大的业务功能能够满足现阶段业务的需要，并且可以通过升级等手段扩展更多的新功能，以满足未来业务的需要。

(9) 可维护性。

视频管理平台应拥有配置、数据库备份、日志信息收集等可维护性功能，方便在出现问题时能够快速定位。同时提供视频管理平台的厂商应具备一定的实力，能够快速地提供技术支持服务。

(10) 业务架构先进，具有冗余性。

整个系统的业务架构先进，并且能够通过技术手段，在视频管理平台出现单点故障时不影响存储数据，或者具备系统热备份的功能。

7.4 本章小结

任何一个系统的设计都必须从需求分析开始，确定了需求后，再确定要采用的业务架构，然后根据业务架构对每个部分进行选型设计。本章通过典型的视频监控系统需求介绍了常见的 5 个主要部分的选型设计，在视频监控系统的实际应用中，还有很多系统对接的需求，由于种类太多，本章就不展开描述。

第8章 视频监控工程规范

完整的视频监控系统解决方案是能够满足用户需求的，有解决用户实际安全问题的解决方案。解决方案以视频监控业务为主，融合 IP 网络、语音对讲、门禁报警、边界防护等功能，不再像早期解决方案一样仅是设备的简单堆叠，而是一个设计精准、实施仔细，有较强逻辑的系统工程，可以使视频监控系统长期、稳定的运行。

视频监控工程规范是对视频监控工程中的各种软硬件操作进行指导，避免人为失误出现系统问题。视频监控工程规范主要是系统的规划、安装、配置和维护工作过程中的操作准则。系统维护主要是发现并避免视频监控系统在运行过程中出现的隐患，满足使用过程中用户提出的新功能要求和系统规模扩大带来的性能要求，最终目的是维护视频监控系统正常的运行。

8.1 项目管理基础

项目是为某项独特的产品、服务或成果进行的一次性努力，是用有限的资源和有限的时间为特定用户完成特定目标的一次性工作。资源指完成项目所需要的人、财、物，时间指项目有明确的开始和结束时间，用户指提供资金、确定需求并拥有项目成果的组织和个人，目标则是指满足要求的产品、服务和成果。

视频监控工程项目管理的目标是运用现代化的管理技术，采用系统控制的方法，将各种资源经过管理由输入转化为输出，并排除各种干扰，实施动态管理，及时发现偏差、纠正偏差从而达到项目限定的质量、工期、成本等要求，向用户提供质量优良的项目。

视频监控工程项目管理是一项难度较大的工作，它是高新技术在建筑领域应用的产物，主要特点是系统技术含量高、管理对象复杂，以及综合协调要求高。因此，项目管理要有一个系统的考虑和统筹安排，在时间和空间上对各种资源进行科学合理的综合利用，以保证项目的成功建设。

视频监控工程项目管理的内容包括技术管理、施工管理、质量管理、系统测试与验收等多个方面。

8.1.1 技术管理

视频监控工程项目的技术管理贯穿整个工程施工过程，执行和贯彻国际、国家和地方的技术标准和规范，严格按照弱电系统工程设计要求，在提供设备、线材规格、安装要求、对线记录、调试工艺、验收标准等方面进行技术监督和行之有效的管理。技术管理需要在系统设计、设备提供和安装等环节上认真检查，对照有关的标准和规范，使整个管理处于受控状态。

1. 施工图纸的深化设计管理

（1）图纸目录：标明图纸内容、图号和图幅。图纸的图别、图号要求编号连续，暂缺的图纸在备注栏中应加以说明，新增图纸的图号也应编号连续，保证图纸目录能够反映图纸的完整性。

（2）设计说明及图例：设计说明按各子系统分别叙述，应说明设计的依据、遵循的标准、子系统功能及配置概况、子系统的施工要求、设备材料的安装高度、各专业的配合条件、施工需要注意的主要事项、接地保护的内容；注明图纸中的特殊图形、图例说明和对非标设备的订货说明。

（3）设备材料表：分系统列出各系统设备材料的选型规格、数量、品牌。

（4）系统图：标明系统原理图、系统主要设备配置和构成、系统设备的供电方式、系统设备分布楼层或区域、设备间管路和线缆的规格、系统逻辑和联动关系说明。对BA（楼宇设备自控）这样的系统，还需要说明监控机电设备的工艺流程及监控点设置、监控点的类型及供电等级、控制器的划分、相关的机电设备和电气控制箱编号等。

（5）平面管线图：分层标明弱电相关设备的位置、标高、安装方式、线槽，管路的规格、走向、标高，敷设方式，线缆的规格和走向，弱电井的位置及井内设备材料布置示意等。

（6）室外管线图：标明室外弱电管线的敷设方式、埋设深度、线路坐标、各种管线的规格型号，与其他管线平行和交叉的坐标、标高和与进线管道的衔接位置。

（7）弱电井、控制室布置图：标明弱电井内的设备、线槽、管路的布置和控制室内操作台、显示屏等的布置。明确弱电井内的电源要求、控制室内的装修要求和电源要求。

（8）设备配线连接图：如BA系统的控制器间的连接、视频监控系统控制室内设备间的连接等。

（9）电气接口图：如BA系统与电气控制箱的接口方式。

2. 安装工艺管理

视频监控工程项目是一个技术性很强的工作，要做好整个项目的技术管理，主要是抓各个施工阶段安装设备的技术条件和安装工艺的技术要求。对项目现场的技术人员要严格把关，凡是遇到与规范和设计文件不相符的情况或施工过程中做了现场修改的内容，都要记录在案，为最后的项目整体调试和开通，建立技术管理档案和数据。

3. 技术文件管理

视频监控工程项目的技术文件管理是各项目实施阶段的依据。在视频监控工程项目中，技术文件主要包括各子系统的施工图纸、设计说明、相关的技术标准和产品说明书、各子系统的调试大纲、验收规范和集成系统的功能要求、验收标准等，这些都要进行系统的科学管理。为了能够及时地向工程管理人员提供完整且正确的技术文件，必须要建立技术文件收发、复制、修改、审批归档、保管、借用和保密等规章制度，实施有效的科学管理。

8.1.2 施工管理

视频监控工程项目的施工管理是一种综合性很强的管理工作，施工管理的关键在于它的协调和组织作用，主要内容为施工的组织管理和进度管理。

1. 组织管理

（1）项目部的建立。

要对一个项目实施管理，建立一个完善的组织机构是确保项目能顺利进行的保证，因此建立好项目部是施工准备阶段的重要工作。

项目部的机构设置必须要达到项目的生产功能和实现项目的总目标，应该因目标设事，因事设机构、定岗位，实现精干高效原则、管理跨度和分层统一原则、业务系统化原则、弹性和机动原则。在整个项目的实施过程中，项目经理下应设质量控制员、进度控制员、工程协调员、安全管理员、文明施工管理员，以及项目技术小组，共同构成工程管理小组。

（2）组织设计和组织管理。

组织设计文件是指导施工现场全部生产活动的技术经济文件，用以处理人与物、主体与辅助、工艺与设备、专业与协作、供应与消耗、生产与储存、维修与使用，以及这些要素在空间布置和时间排列之间的关系。

组织管理就是合理安排整个项目施工期间的工程管理人员、技术人员、调试工程师和安装人员的人数和这些人员进场的时间,避免造成不必要的劳动力浪费,增加人工成本。组织管理需要与施工进度密切结合,分阶段组织强有力的施工队伍,保质、保量地按时完成这个阶段的施工任务。

2. 进度管理

(1) 项目进度的制定。

项目进度的制定是用工作分析结构等方法把项目范围详细划分为子系统和工作包,界定每个子系统和工作包必须执行的具体活动。

项目进度的制定以网络图表的图示形式来描绘,标明项目目标、各种活动之间的必要次序和相互依赖性。项目进度的制定要进行时间预估,预估完成每项活动需要的时间;决定每项活动需要的资源和在预估的期间内完成项目需要资源的数量;要为每项活动做一个成本预算,成本预算依每项活动所需的资源类型和数量而定。

预估项目进度计划及预算额,以决定项目是否能在预定的时间、既定的资金和可利用资源的条件下完成。若无法完成,应当采取调整措施以适应项目工作,如调整工作范围、活动时间估算或重新进行资源配置,直到建立起较现实的基准计划(在预算内按计划实现项目工作的进度)。

(2) 项目进度的控制。

在项目实施过程中,总管理单位要定期收集项目完成情况的各类数据,与已制定的进度计划进行比较。如果项目实施落后于进度计划,则要召集相关单位,采取必要的纠正措施,并适当调整计划,以保证项目的正常进行。

8.1.3 质量管理

视频监控工程项目的质量管理主要从设计、采购、施工3个环节进行。

1. 设计环节的质量控制

设计环节的质量控制应从以下几个方面入手。

(1) 协助用户进行需求分析和功能定位,并根据项目实际情况,实现总体设计、分步实施。

(2) 按照国家的有关标准和规范,使项目的设计方案具备可行性、先进性、可扩展性。

(3) 根据功能需求和设计方案,选择适合的产品及设备。

(4) 在设计质量控制中抓好设计方案制定、产品性能测试、设计方案评审、设计变更控制、设计的复查鉴定和图纸的确认、校核。

2. 采购环节的质量控制

采购环节的质量控制的重要环节是到货检验。在检验时应注意以下几个方面。

（1）产品、设备的包装、封条是否完好无损。

（2）根据货单清点产品数量，与合同附件的设备清单进行核对。

（3）核对产品的产地、厂商、型号、规格等，进行全部检验或部分抽查。

（4）核查质量保证书、产品合格证、保修单及其他相关文件，进口产品还需要核查进关单及完税证明等。

（5）必要时对某些产品进行性能和技术指标测试。

3. 施工环节的质量控制

视频监控工程项目的实施与建筑工程的土建、安装、配套工程、装潢等其他项目的实施交叉进行，项目界面十分复杂，一旦施工质量发生问题，不但项目质量难以保证，而且对整个建筑项目的进度也会产生影响。施工过程的质量控制主要包括以下几个方面。

（1）在施工阶段认真做好施工记录，若发现问题，则必须写明采取的措施及最终效果。

（2）每次协调会应有会议纪要，并分发给有关各方。

（3）在项目实施过程中，根据设计计划和项目策划，对子系统和系统进行阶段性的测试和验收，发现问题应召集有关人员分析解决，否则不得转入下一个阶段。

（4）在试运行阶段认真做好试运行记录。

（5）在整个项目的实施过程中，应注意收集由分承包方提供的各种有效的证明产品质量的文件和记录。

（6）在项目实施过程中若需要变更，则应填写工程变更单（由双方签署），且将更改内容以书面形式传递给有关人员。

（7）设备安装、系统或分系统测试，均应按计划和规范进行，且应责成分承包方到现场配合。

（8）在项目实施过程中发现的不合格品（项），现场人员应对其进行标识和隔离，填写不合格品（项）记录单，并及时报告给子系统负责人，由子系统负责人提出处理意见并及时解决，对重大不合格品（项），应由子系统负责人报给项目经理。

8.1.4　系统测试与验收

测试与验收是检验视频监控工程项目施工质量的关键环节，可以通过测试与验收来判断项目是否达到最初的设计要求，是否满足用户的需求。视频监控工程项目的测试与验收所涉及的子系统比较多，通常采用分系统的方法分别进行测试与验收。

为了确保项目质量，系统应按照以下流程进行系统的测试与验收。

1. 制定测试与验收计划

对于视频监控工程项目的测试与验收，应编制详尽的测试与验收计划。测试与验收计划主要包括以下几个方面的内容。

（1）测试级别（是单元测试、子系统测试、系统测试还是验收测试）。

（2）测试目的和范围。

（3）测试规程和验收标准。

（4）测试方法和测试要求。

（5）测试环境。

（6）测试工具。

（7）测试人员的安排（包括是否由第三方测试）。

（8）测试顺序和内容。

2. 竣工验收

视频监控工程项目投入使用后，通过试运行，即可组织竣工验收。结合视频监控工程项目的复杂性，竣工验收可以分系统单独进行，在准备竣工验收前必须办理好下列几项资料。

（1）子系统和系统竣工文档（包括说明书、功能介绍、操作说明、设备清单、内部接线图、竣工图、竣工监测报告）。

（2）子系统测试报告。

（3）子系统试运行报告。

（4）子系统验收报告。

（5）系统测试报告。

（6）系统试运行报告。

（7）系统竣工报告书。

（8）系统设备清单。

（9）主要材料设备的产品合格证/质报书/测试报告。

（10）隐蔽工程验收单。

（11）验收报告。

8.2 弱电工程法规

弱电工程施工设计的相关依据和法规。

（1）×××弱电设计图纸和招标文件。

（2）《智能建筑设计标准》GB/T 50314-2000。

（3）《民用建筑电气设计规范》JGJ/T 16-92。

（4）《民用建筑电气设计规范条文说明》JGJ/T 16-92。

（5）《民用建筑电气设计规范详解手册》JGJ/T 16-92。

（6）《建筑与建筑群综合布线系统工程设计规范》GB/T 50311-2000。

（7）《建筑与建筑群综合布线系统工程验收规范》GB/T 50312-2000。

（8）《建筑与建筑群综合布线系统工程设计规范》修订本 CECS 72：97。

（9）《工业企业通信设计规范》GBJ42-81。

（10）《商业建筑电讯布线系统标准.第1部分；通用要求》ANSI/TIA/EIA-568-B.1-2001.4。

（11）《商业建筑电讯布线系统标准.第3部分；光纤布线部件标准》ANSI/TIA/EIA-568-B.1-2000.3。

（12）《商业建筑电讯通道及空间标准》TIA/EIA-569-A。

（13）《商业建筑电讯基础结构管理标准》TIA/EIA-606-A-2001。

（14）《电气装置安装工程低压电器施工及验收规范》GB50254-96。

（15）《电气装置安装工程 1KV 及以下工程施工及验收规范》GB50258-96。

（16）《电气装置安装工程科研照明装置施工及验收规范》GB50259-96。

（17）《通风与空调工程施工及验收规范》GB50243-97。

（18）《电气装置安装工程蓄电池施工及验收规范》GB50172-92。

（19）《建筑装饰工程施工及验收规范》JGJ 73-91。

（20）《建筑物防雷设计规范》GB50057-94。

（21）《火灾自动报警系统设计规范》GB50116-98。

（22）《高层民用建筑设计防火规范》GB50045-95。

（23）《有线电视系统工程技术规范》GB50200-94。

（24）《工业企业共用天线电视系统设计规范》BGJ120-88。

（25）《卫星广播电视地球站设计规范》GYJ41-89。

（26）《工业企业共用天线电视系统设计规范》BGJ120-88。

（27）《有线电视广播技术规范》GB/T106-92。

（28）《30MHZ-1GHZ电视和声音信号的电缆分配系统》GB/T6510-1996。

（29）《广播电视工程建筑设计防火标准》GYJ33-88。

（30）《民用闭路监视电视系统工程技术规范》GB50198-94。

（31）《安全防范工程程序与要求》GA/T 75-94。

（32）《电子计算机机房设计规范》GB50174-93。

（33）《低压配电装置及线路设计规范》GBJ54-83。

（34）《供配电系统设计规范》GB50052-95。

（35）《计算机场地技术条件》GB2887-89。

（36）《计算机场地安全要求》GB9361-88。

（37）建设领域计算机软件工程技术规范 JGJ-/T90-92。

（38）综合布线 EIA/TIA568、569、606、607、TSB72等标准。

（39）计算机网络 IEEE 802.3、IEEE 802.3z、IEEE 802.5、ANSIFDDI、TPDDI、FDDI、ATM等标准。

（40）地方有关规定。

（41）相关行业标准。

8.3 工程规范原则

工程规范原则是在工程建设过程中，对设计、施工、制造、检验等技术事项做的一系列规定。在视频监控工程项目的实施过程中，尤其是摄像机的实施，当涉及线缆的铺设时，只有严格按照工程规范原则来实施，才能保障项目长时间的稳定运行。

8.3.1 管道材料选择和施工要求

1. 水平子系统

水平子系统的走线管道由两部分构成：一部分是每层楼内放置水平传输介质的总线

槽，另一部分是将传输介质引向各房间信息接口的分线槽或线管。从总线槽到分线槽或线管需要有过渡连接。

总线槽要求宽度与高度的比例为 3∶1，在总线槽中放置的双绞线应不超过 3 层。在总线槽中放置的双绞线密度过大会影响底层双绞线的传输性能。

水平线槽一般有多处转弯，在转弯处应留有足够大的空间以保证双绞线有充分的弯曲半径。根据 EIA/TIA569 标准，超 5 类 4 对非屏蔽双绞线的弯曲半径应不小于线径的 8 倍。但有一点是重要的，即保持足够大的弯曲半径可以保证系统的传输性能。

在水平线槽的转弯处，应有垫衬减小拉线时产生的摩擦力。水平子系统线槽或线管应采用镀锌铁槽或铁管。

双绞线的安装有不同的要求。双绞线垂直放置在竖井之内，由于自身重量的牵拉，时间久后会使双绞线的绞合发生一定程度的改变，这种改变对传输语音的 3 类线来说影响不是太大，但对需要传输高速数据的超 5 类线来说，这个问题是不能忽略的，因此当设计垂直竖井内的线槽时应仔细考虑双绞线的固定情况。双绞线的固定时力的大小是应该受到重视的一种技巧，如果扎线太紧可能会降低 NEXT 值，从而影响缆线的传输性能。

缆线应按下列要求敷设。

（1）缆线的型式、规格应与设计规定相符。

（2）缆线的布放应自然平直，不得产生扭绞、打圈接头等现象，不应受外力挤压和损伤。

（3）缆线两端应贴有标签、编号，标签书写应清晰、端正和正确。标签应选用不易损坏的材料。

（4）缆线终接后，应有余量。交接间、设备间双绞线电缆的预留长度以 0.5～1.0m 为宜，工作区以 10～30mm 为宜；光缆布放宜盘留，预留长度以 3～5m 为宜，有特殊要求的应按设计要求预留长度。

缆线的弯曲半径应符合下列规定。

（1）非屏蔽 4 对双绞线电缆的弯曲半径应至少为电缆外径的 4 倍。

（2）屏蔽 4 对双绞线电缆的弯曲半径应至少为电缆外径的 6～10 倍。

（3）主干双绞线电缆的弯曲半径应至少为电缆外径的 10 倍。

（4）光缆的弯曲半径应至少为光缆外径的 15 倍。

电源线、综合布线系统的缆线应分隔布放，缆线间的最小净距离应符合设计要求。在暗管或线槽中敷设缆线完毕后，宜在信道两端出口处用填充材料进行封堵。

敷设线槽和暗管时应符合下列规定。

（1）敷设线槽的两端宜用标志标明编号和长度等内容。敷设线槽宜采用金属线槽，线槽的截面利用率不应超过 50%。

（2）敷设暗管宜采用钢管或阻燃硬质 PVC 管。当布放多层屏蔽电缆、扁平缆线和大对数主干光缆时，直线管道的管径利用率为 50%～60%，弯管道的管径利用率为 40%～50%。当暗管布放 4 对双绞线电缆或 4 芯以下光缆时，管道的截面利用率为 25%～30%。

设置电缆线槽、桥架，敷设缆线时应符合下列规定。

（1）电缆线槽、桥架宜高出地面 2.2m。线槽和桥架顶部距楼板不宜小于 30mm，在过梁或其他障碍物处，不宜小于 50 mm。

（2）线槽内缆线布放应顺直，尽量不交叉，在缆线进出线槽部位、转弯处应绑扎固定，其水平部分缆线可以不绑扎。垂直线槽布放缆线应每间隔 1.5m 进行固定。

（3）电缆桥架内的缆线在垂直敷设时，在缆线的上端和每间隔 1.5m 进行固定；在水平敷设时，在缆线的首、尾、转弯及每间隔 5～10m 处进行固定。

（4）在水平、垂直桥架和垂直线槽中敷设缆线时，应对缆线进行绑扎。双绞线电缆、光缆及其他信号电缆应根据缆线的类别、数量、缆径、缆线芯数分束绑扎，绑扎间距不宜大于 1.5m，间距应均匀，松紧适度。

（5）楼内光缆宜在金属线槽中敷设，在桥架敷设时应在绑扎固定段加装垫套。

（6）采用吊顶支撑柱作为线槽在顶棚内敷设缆线时，每根支撑柱所管辖范围内的缆线可以不设置线槽进行布放，但应分束绑扎，缆线护套应阻燃，缆线选用应符合设计要求。

（7）建筑群子系统采用架空、管道、直埋方式，墙壁及暗管敷设电、光缆的施工技术要求应按照本地网通信线路工程验收的相关规定执行。

预埋暗管的保护要求有如下几点。

（1）预埋在墙体中间的最大管径不宜超过 50mm，楼板中暗管的最大管径不宜超过 25mm。

（2）直线布管每 30m 处应设置过线盒装置。

（3）暗管的转弯角度应大于 90 度，在路径上每根暗管的转弯角度不得多于 2 个，并不应出现 S 弯。当有弯头的管段长度超过 20m 时，应设置管线过线盒装置，当有 2 个弯时，不超过 15m 应设置过线盒。

（4）暗管转弯的曲率半径不应小于暗管外径的 6 倍，当暗管外径大于 50mm 时，则曲率半径不应小于暗管外径的 10 倍。

（5）暗管管口应光滑，并加有护口保护，管口伸出部位宜为 25～50mm。

网络地板缆线敷设的保护要求有如下几点。

（1）线槽之间应沟通。

（2）线槽盖板应可开启。

（3）主线槽的宽度由网络地板盖板的宽度而定，一般宜在 200mm 左右，支线槽宽不宜小于 70mm。

（4）地板块应抗压、抗冲击和阻燃。

（5）塑料线槽槽底固定点间距一般宜为 1m。

（6）在网络地板敷设缆线时，网络地板内净空应为 150～300mm。

（7）当采用公用立柱作为顶棚支撑柱时，可在立柱中布放缆线，立柱支撑点宜避开沟槽和线槽位置，支撑应牢固。当立柱中电力线和综合布线缆线一起布放时，中间应由金属板隔开，间距应符合设计要求。

干线子系统缆线敷设的保护要求有如下几点。

（1）缆线不得布放在电梯或供水、供气、供暖管道竖井中，亦不应布放在强电竖井中。

（2）干线通道间应沟通。

2．主干子系统

主干子系统用于大楼之间的传输，一般采用多对双绞线或多模光纤。光纤有极强的抗干扰能力，所以安装后不会发生安装双绞线时类似的问题，但光纤本身较为脆弱，强力牵拉或弯折会使纤芯折断，因此安装时应由有经验的工程师在现场指导。

光纤的架设可以采用架空、直埋、管道等方法，直埋时应在光纤经过的地方做警告标志，以防被以后的施工破坏。

由于光纤的纤芯是石英玻璃，极易被弄断，因此在施工时绝对不允许有超过允许的最小弯曲半径。最小弯曲半径在捆扎时至少应为光纤外径的 10 倍，在拉线时至少应为光纤外径的 15 倍。光纤的抗拉强度比铜缆小，因此在施工时，决不允许超过光纤的抗拉强度（46N）。

光纤配线架有挂墙式和机架式两种。根据端接光纤数目光纤配线架可分为 24 口、48 口、72 口几种，光纤配线架上有适配板，用来安装耦合器。

光纤进入光纤配线架前要适当地捆扎，进入光纤配线架后要预留一定的备用线缆，以方便安装和维护。备用线缆应盘在光纤配线架的卷轴上。

3. 管理区子系统

管理区子系统是工程施工中最复杂的部分,这部分施工应充分考虑环境影响和端接工艺的影响。

电磁辐射是管理区子系统安装环境考虑的主要因素。电磁辐射的影响主要来自两个方面:一是环境对系统传输的影响,二是系统在信息传输过程中对环境设备的影响。在建筑物内,环境对系统传输的影响主要来自强电磁辐射源,如电台、建筑物内的电梯、马达、UPS 电源等。如果环境中这些干扰源的影响较大,则应考虑采取屏蔽措施,或者选择距离较远的位置。

布线系统的安装工艺是直接影响系统性能的重要因素。端接配件的安装工艺主要影响布线系统的近端串扰和衰减,近端串扰和衰减是判断系统性能的重要依据。管理区子系统还要考虑环境的通风、照明、酸碱度、湿度等条件因素,这些因素将腐蚀端接配件,时间长之后还会影响系统性能。还要考虑管理区子系统的安全性,端接配件最好安装在布线机柜或墙柜内。

4. 工作区子系统

工作区子系统在施工时要考虑的因素较多,因为不同的房间环境会要求不同的信息墙座与其配合。在施工设计时,应尽可能考虑用户对室内布局的需要,还要考虑信息墙座连接应用设备(如计算机、电话等)的方便和安全。

墙上安装型信息墙座一般考虑嵌入式安装。国内采用的是标准的 86 型墙座,该墙座为正方形,规格为 80mm×80mm,螺丝孔间距为 60 mm。信息墙座与电源墙座的间距应大于 20cm。

桌上型信息墙座应考虑和家具、办公桌间的协调,还应考虑安装位置的安全性。信息墙座与电源墙座的间距应大于 20cm。

抬高式地板安装在预制的地板盒内,地板盒内可以安装信息墙座和电源墙座。

信息墙座接头的端接安装必须由专业工程师完成。与管理区子系统的安装工艺一样,信息墙座的安装工艺对系统的性能有直接的影响。

8.3.2 施工过程要求

施工过程有 3 个方面:管道安装、拉线安装和配件端接。

1. 管道安装

管道安装由具有电信部门二级通信工程安装资格的工程队完成,工艺质量满足电信部门有关的施工规范和 EIA/TIA569 标准。布线桥架的焊接和线槽的过渡连接满足国家电工标准中对强电安装的工艺和安全要求。

2．拉线安装

开放式布线系统对拉线安装的技能要求较其他布线高得多，这主要是由传输介质的特点决定的。开放式布线系统采用的传输介质一般有两种类型，一种为双绞线，另一种为光纤，它们的材料构成和传输特征虽然不同，但在拉线时都要求轻拉、轻放，不规范的施工操作可能会降低传输性能，甚至导致线缆损伤。

在拉线安装过程中经常可以看到下列情况。

（1）双绞线外包覆皮起皱或撕裂，这是拉线时拉力过大和线槽的转角过渡连接不符合要求造成的。

（2）双绞线外包覆皮光滑，看不出问题，但用仪表测量时发现传输性能达不到要求，这是拉线时拉力过大，双绞线的长度拉长，绞合拉直造成的。这种情况用在语音和 10Mbps 以下的数据传输时，影响也许不太大，但用在高速数据传输时则会产生严重的问题。

（3）光纤没有光信号通过，这是拉线时操作不当，线缆严重弯折使纤芯断裂造成的。这种情况常见于光纤布线的弯折之处。

为了避免在安装过程中出现上述情况，ISO/IEC11801 标准和 EIA/TIA569 标准规定双绞线（尤其是超五类双绞线）拉线时的拉力不能超过 13 磅（约 20 公斤）。光纤的拉力不能超过 5 磅（约 8 公斤）。

为了保证施工的质量，规定拉线时每段线的长度不超过 20m，超过部分必须有人接送；在线路转弯处必须有人接送。

3．配件端接

配件端接的工艺水平将直接影响布线系统的性能。公司应对其严格把关，所有的端接操作都应由专业工程师完成。

8.3.3 施工工艺技术要求

（1）严格按图纸施工，在保证系统功能质量的前提下，提高工艺标准要求，确保施工质量。

（2）预埋（留）位置准确、无遗漏。

（3）管路两端设备处的导线应根据实际情况留有足够的冗余。导线两端应按照图纸提供的线号用标签进行标识，根据线色进行端子接线，并应在图纸上进行标识，作为施工资料进行存档。

（4）设备安装牢固、美观，预装设备竖成列，墙装设备端正一致，资料整理正规完整无遗漏，各种现场变更手续齐全有效。

（5）在布线系统中，信号大多都是电流信号或数字信号，故对电缆（线）的敷设工作应注意以下几点。

① 电缆（线）的敷设必须设专人指挥，在敷设前向全体施工人员说明敷设电缆（线）的根数、始末端的编号、工艺要求及安全注意事项。

② 敷设电缆（线）前要准备标志牌，标明电缆（线）的编号、型号、规格、图位号、起始地点。

③ 在敷设电缆（线）之前，先检查所有槽、管是否已经完成安装并符合要求，路由与拟安装信息口的位置是否与设计相符，确定有无遗漏。

④ 检查预埋管是否畅通，管内带丝是否到位，若没有应先处理好。

⑤ 放线前对管路进行检查，穿线前应清扫管路和打磨管口，清除管内杂物及积水，有条件时应使用 0.25Mpa 压缩空气吹入滑石粉风保证穿线质量。所有金属线槽盖板、护边均应打磨，不留毛刺，以免划伤电缆。

⑥ 核对电缆（线）的规格和型号。

⑦ 在管内穿线时，要避免过度拉引电缆（线），每米的拉力不能超过 7 千克，以保护线对绞距。

⑧ 在布放电缆（线）时，电缆（线）不能绑成死角或打结，应保证电缆（线）的性能良好，在水平线槽中敷设电缆（线）时，电缆（线）应顺直，尽量避免交叉。

⑨ 做好放线保护，不能损伤保护套和踩踏电缆（线）。

⑩ 对于有安装天花板的区域，所有的水平电缆（线）敷设工作必须在天花板施工前完成，所有电缆（线）不应外露。

⑪ 楼层配线间、设备间端预留长度（从线槽到地面再返上）为铜缆 3~5m，光缆 7~9m，信息出口端预留长度 0.4m。

⑫ 在敷设电缆（线）时，两端应做好标记，电缆（线）标记要表示清楚，一根电缆（线）的两端必须有一致的标识，线标应清晰可读。标线号时要求左手拿线头，线尾向右，以便于以后线号的确认。

⑬ 在布放垂直电缆（线）时，穿线宜自上而下进行，在放线时，电缆（线）要求平行摆放，不能相互绞缠、交叉，不得使电缆（线）绑成死弯或打结。

⑭ 光缆应尽量避免重物挤压。

⑮ 施工穿线时应做好临时绑扎，避免垂直拉紧后再绑扎，以减少重力下垂对电缆（线）性能的影响。主干线穿完后进行整体绑扎，要求绑扎间距≤1.5m。光缆应单独绑扎，绑扎时如有弯曲应满足不小于10cm的变曲半径。

⑯ 安装在地下的同轴电缆（线）须有屏蔽铝箔片以隔潮气。

⑰ 同轴电缆（线）在安装时要进行必要的检查，不可损伤屏蔽层。

⑱ 安装电缆（线）时注意确保各电缆（线）的温度要高于5℃。

⑲ 放线记录表中应记录主干铜缆或光纤给定的编号，应明确楼层号、序号。

⑳ 电缆（线）敷设完毕后，两端必须留有足够的长度，各拐弯处、直线段应整理后得到指挥人员的确认符合设计要求后方可掐断。

㉑ 线槽内电缆（线）布放完毕后应盖好槽盖，满足防火、防潮、防鼠害的要求。

（6）机柜（箱）内接线应注意以下几点。

① 按设计安装图进行机架、机柜安装，安装螺丝必须拧紧。

② 机架、机柜安装应与进线位置对准，在安装时，应调整好水平、垂直度，偏差不应大于3mm。

③ 按供货商提供的安装图、设计布置图安装配线架。

④ 机架、机柜、配线架的金属基座都应做好接地连接。

⑤ 核对电缆（线）编号。

⑥ 端接前，机柜内电缆（线）应做好绑扎，绑扎要整齐美观，应留有1m左右的移动余量。

⑦ 剥除电缆（线）护套时应采用专用剥线器，不得剥伤绝缘层，电缆（线）中间不得产生断接现象。

⑧ 端接前须准备好配线架端接表，电缆（线）端接依照端接表进行。

⑨ 来自现场进入机柜（箱）内的电缆（线）首先要进行校验编号。

⑩ 来自现场进入机柜（箱）内的电缆（线）要进行固定。

⑪ 来自现场进入机柜（箱）内的电缆（线）应留有一定的余量。

⑫ 来自现场进入机柜（箱）内的电缆（线）一般不容许有接头。

⑬ 来自现场进入机柜（箱）内的电缆（线）应尽量避免相互交叉。

⑭ 按图施工接线正确，连接牢固接触良好，配线整齐、美观、标牌清晰。

⑮ 选用同一区段的电缆（线）跳线颜色要尽可能统一，便于安装调试和日常维护。

（7）接地要求应注意以下几点。

① 桥架接地应用不小于 2.5mm 的铜塑线与主体钢筋接地。

② 各机柜、机箱接地电阻应不大于 1Ω。

③ 机房设备采取两种独立的接地方式，工作接地和联合接地。工作接地电阻不大于 4Ω，联合接地电阻不大于 1Ω。

（8）调试阶段应注意以下几点。

① 严禁不经检查立即上电。

② 严格按照图纸、资料检查各分项工程的设备安装、线路敷设是否与图纸相符。

③ 逐个检查各网络设备、PBX 设备、信息点位的安装情况和接线情况，如有不合格，应填写质量反馈单，并做好相应的记录。

④ 各设备、点位检查无误完毕后，对各设备、点位逐个通电实验。

⑤ 通电实验后，方可进行系统调试，并做好记录。

8.4 系统维护原则

视频监控系统需要 7×24 小时的稳定运行，需要定期维护。如果常见的摄像机出现故障，那么系统的使用人员会通过实况无图像觉察到问题，但是如果硬盘发生故障，若使用人员没有关注到报警信息，那么就有可能在调取录像时，发现重要的视频数据没有被记录。所以科学地制定系统维护方案是保障视频监控系统长时间稳定运行的必要手段。

日常维护是视频监控系统维护工作中最频繁，也是最基础的部分。日常维护要求维护人员按照既定的维护模板和方法，对视频监控系统的运行状态进行简单的检查。

日常维护根据巡检时间可以分为以下 3 类。

（1）每周检查。

检查视频监控系统的运行情况，如实况点播、查询回放、数据存储等是否正常可用，并记录在案，如果有问题及时联系相关技术人员。

（2）每季检查。

检查视频监控系统的管理平台设备，如 VM 视频管理服务器、DM 数据管理服务器、MS 媒体交换服务器等参数是否正常。

（3）每年检查。

检查视频监控系统设备所处的环境，特别是室外终端设备的接地、防雷等是否完好，检查 UPS 不间断电源是否工作正常，如有问题及时修正。

除例行检查外，设备软件版本升级的目的是解决视频监控系统运行过程中的隐患和故障后，还能保证视频监控系统长时间正常稳定的运行。因此设备升级时需要严格地遵循升级操作规范和步骤，防止人为失误造成故障。

视频监控系统的升级流程有如下几点。

（1）检查软件版本：升级前按照版本配套表核对软件版本是否正确。

（2）阅读升级说明：升级前仔细阅读软件附带的版本说明书，明确升级方法和升级注意事项。

（3）检查升级环境：升级前复查升级环境，如网络连接、设备电源是否稳定，避免升级过程中出现断电或断网导致升级失败。

（4）数据和配置的备份：升级过程中最重要也是必需的步骤就是数据和配置的备份。升级前应进行异地备份系统的数据和配置，如在升级过程中发生意外，通过备份可以快速地恢复系统环境。

（5）软件版本升级：在完成上述操作后请按相应方法升级设备软件版本，升级完成后请检查系统各项业务是否正常可用。

在日常使用过程中，如果发现了故障，则按照视频监控系统故障的表现形式可以将故障分为以下 5 大类。

（1）图像类故障。

在视频监控系统开局、运行、维护过程中出现的与图像质量有关的故障皆属于图像类故障。图像类故障包括但不限于以下几种类型：图像停顿、图像马赛克、图像拖影、图像串流、图像条纹、图像锯齿、图像延迟、无法接收图像、图像模糊等。

（2）平台类故障。

在视频监控系统开局、运行、维护过程中出现的故障主体是视频监控系统平台设备的皆属于平台类故障。平台类故障包括但不限于以下几种类型：VM8500 故障、DM8500 故障、MS8500 故障、ISC3000-E 故障、Web 客户端故障等。

（3）终端类故障。

在视频监控系统开局、运行、维护过程中出现的故障主体是编解码器的皆属于终端类故障。编解码器故障涉及的设备包括 EC、DC、IP Camera。

（4）存储类故障。

在视频监控系统开局、运行、维护过程中出现的与存储有关的故障皆属于存储类故障。存储类故障包括但不限于以下几种类型：制定存储计划失败、查询录像失败、回放录像失败、未按计划存储、存储设备故障、阵列退化等。

（5）云台类故障。

在视频监控系统开局、运行、维护过程中出现的与云台有关的故障皆属于云台类故障。云台类故障包括云台完全不可控制、云台部分不可控制、云台控制错乱。

常见的故障处理流程有以下几种。

（1）故障发现：在视频监控系统中发现使用或运行故障。

（2）检查配置：检查是否是配置导致的视频监控系统故障。

（3）故障分类排查：如未发现错误配置请按照故障分类及其排查方法进行排查。

（4）求助：通过上述方法如未能解决故障，请按要求收集相关信息，同时联系相关技术人员，800工程师、办事处工程师均是可求助的对象。

8.5 本章小结

本章介绍了视频监控工程规范，重点从技术管理、施工管理、质量管理、系统测试与验收4个方面进行了阐述，若要高质量交付视频监控系统，并保证系统长期稳定的运行，无论是选材还是施工都必须严格遵循工程实施规范。将视频监控系统交付用户后，科学制定维护方案并按要求执行维护方案是保障视频监控系统长期稳定运行的关键，这也是容易被忽略的地方。

第9章 视频监控的行业应用

随着视频监控技术的发展,尤其是高清网络摄像机的普及,视频监控在各行各业都得到了广泛应用,比较典型的行业如平安城市、智能楼宇、大型园区、高速公路、铁路、广域区域互联等。完整的一套视频监控系统包含"看、控、存、管、用"5个组成部分,当视频数据被采集后,得到的是一种非结构化的数据,不能直接被计算机分析或处理。现在更多的是采用智能分析技术将非结构化的数据转换成计算机能够识别和处理的结构化数据,将视频中包含的运动目标及其特征提取出来转化为文字描述,再通过相应的算法,对这些数据进行搜索、比对、分析。

9.1 平安城市

自2002年提出平安城市这个概念后,平安城市作为一个特大型、综合性强的管理系统,不仅要满足治安、城市、交通管理及应急指挥等需求,还要兼顾灾难事故预警、安全生产监控等方面对图像监控的需求。在这些业务需求中,视频监控作为可视化的探测设备,在平安城市的运行过程中成为解决具体业务需求的关键科技手段,并且随着业务需求的多样化,以及社会普及率的提高,视频监控行业也迎来了大发展。

平安城市最早在北京西城区、山东济南、浙江杭州和江苏苏州这4个城市开始做试点。2004年6月,为了全面推进科技强警战略,公安部、科学技术部在北京、上海、廊坊、大连、南京、苏州、南通、杭州、宁波、温州、台州、芜湖、福州、青岛、淄博、威海、郑州、广州、深圳、佛山、成都等21个城市启动了第一批科技强警示范城市创建工作。2005年8月,为了以点带面,公安部进一步提出了建设"3111工程",选择了22个省,在省、市、县三级开展报警与监控系统建设试点工程,即每个省确定一个市,有条件的市确定一个县,有条件的县确定一个社区或街区为报警与监控系统建设的试点。此举有力地推动了平安城市的建设。

"3111工程"是一个非常大且复杂的系统工程,可以将它定义为巨复杂系统,原因主要有以下几点:第一是投资很大,通常一个大中型城市建设都需要上亿元甚至几亿元的资金;第二是技术要求非常高,需要上万台、几十万台的摄像机联网,还要做到资源共享;第三是涉及的用户很多,所有单位,无论是党政机关还是企业系统全部都要联网进来,另外新建的系统和已有的系统,都要进行互联、互控,所以难度很大;第四是可靠,不能经常出问题影响使用;第五是"3111工程"系统工程应该根据需要可以做裁减,可以扩展，也可以删除。

平安城市监控系统的主要障碍是设备兼容性存在很大的差异，系统集成没有一个开放式系统平台，各类子系统厂商都有针对自己产品开发的软件管理平台，这样的系统平台，不能算是真正的开放式平台。系统集成的意义在于各独立子系统之间有深层次的数据共享。真正的开放式系统平台应该是一个能够兼容不同厂商的设备、不同的设备协议、不同的技术平台，系统的扩容扩展功能要强大，系统的信息管理必须要高度一致。

9.1.1 平安城市管理系统设计原则

科学规划通信网络，整合社会技防资源，构建城市统一的远程视频监控报警综合信息服务平台，实现视频监控报警信息的充分共享，为应急系统提供可视化图像资源，是平安城市管理系统建设的目标和任务。平安城市管理系统以需求为导向，以应用为核心，坚持需求与应用相一致、规划与标准相一致、实用性与先进性相一致和科技创新与持续发展相一致的设计思想。

1. 统一标准，规范设计

平安城市管理系统一般采用开放式架构，支持可持续发展的技术路线，支持数字视频技术、人工智能技术，能够平滑融入已经建设完毕的系统；选用标准化接口和协议，并具有良好的可扩展性。平安城市管理系统的建设将遵循有关标准与规范，并有一定的技术前瞻性；应充分考虑和利用现有的监控资源、传输资源，在整合基础上实现平安城市管理系统的互联、资源整合、信息共享，必须使用统一的国际/国家技术标准，彻底解决不同技术标准的平安城市管理系统不能互联、互通的问题。平安城市管理系统选用的技术和设备应以满足需求、注重实用为基本原则，构建的平安城市管理系统将与工作紧密结合。

2. 统一建设，信息共享

平安城市管理系统是基于城市 IP 城域网独立构建的网络系统，是可视化管理的共享网络系统，是应急联动体系的基础系统工程。在发生突发事件和重大事件时，可以通过平安城市管理平台将所有与事件相关的视频信息全部纳入应急站点，各相关部门可作为客户端接入网络共享视频信息。

3. 确保安全，运行稳定

平安城市管理系统能满足可靠性要求，能够长时间不间断运行，对关键的数据、接口和设备采取冗余设计，具有故障检测、故障服务、系统自愈合、系统恢复，以及系统健康状态检查等功能。公网传输的数据必须用 VPN 隧道技术对传输通道进行加密，使用用户身份认证,以及访问控制等多种技术对用户的各种操作和涉密文件的存取实行认证和限制,以保证平安城市管理系统的安全。以光纤方式接入的摄像机可以采取前端视频分配的方式,接入指挥中心视频矩阵并采用网络视频编码技术"按需"接入信息网。同时将分配出来的视频信号经视频编码接入视频监控报警服务平台,确保自建的视频监控信号既能与信息网实现联通,又能通过平台管理实现视频信息的充分共享。

4. 加强管理,突出实效

平安城市管理系统将为实现快速反应、协同作战提供技术支撑。利用平安城市管理系统,可以形成打、防、控、管和服务社会的一体化网络体系,进而提高在第一时间获取情报信息、第一时间采取防范措施、第一时间有效控制局势和第一时间实现精确打击的能力。平安城市可以市场化运作开展建设、专业化维护保障运行和制度化管理提升运行质量。

9.1.2 平安城市一般架构

平安城市一般架构可以分为 5 层,分别是用户层、表现层、应用层、服务层和数据层。平安城市一般架构如图 9-1 所示。

图 9-1 平安城市一般架构

(1)用户层:提供平安城市管理系统的具体需求,这是平安城市建设的驱动力。

(2)表现层:实现安全运维平台的统一界面展示。表现层通过统一的图形化管理界面,安全运维平台,实现了运维监控、态势分析、配置维护的全部功能。

(3)应用层:从数据库中提取信息,按照策略完成数据的过滤、条件分析,为展示平台提供数据支持；同时是展示平台进行资源配置的接口。

（4）服务层：将采集到的原始数据实现格式标准化，进行关联分析处理，根据策略进行数据归并和压缩后，存储到统一数据库中。

（5）数据层：从网络设备、安全设备、主机系统等数据来源中采集各种安全信息。

9.1.3 平安城市建设需求

目前，平安城市的建设已经融入智慧城市建设。一个地区的平安城市建设，政府基本会以智慧城市的名义把建设权放到市政府，并同多个使用部门，如公安部、交通部、城市管理行政执法局等的视频监控系统建设需求，进行全市统一建设，按需分配资源。主要部门的需求有以下几种。

1. 公安部的需求

作为平安城市建设中最重要的使用者，公安部主要是治安管理，公安部常见的需求有如下几点。

（1）公共场合的安全监控需求。

（2）应急指挥调度需求，能够实现远程实时指挥，并随时掌握突发案件的现场情况。

（3）完善整个城市的治安视频监控系统，构筑无处不在的视频监控网络。

（4）改善公安部执勤IT系统，实现移动电子警务。

（5）建立情报研判系统，为公安部行政执法和应急事件处理提供有效的决策建议和行动指南。

2. 交通部的需求

（1）交通道路状况的动态监控需求和运营车辆的交通管理需求。

（2）交通违法非现场执法需求。

（3）应急处理需求，客运车辆、有危险品车辆发生紧急事故时的应急指挥和快速裁决需求；通过图像、视频掌握现场情况，进行异地实时裁决需求。

3. 城市管理行政执法局的需求

（1）在乱摆乱卖、占道经营等城市管理的执法过程中，出现纠纷时的证据采集需求。

（2）市政事故方面的应急处理需求，高危桥梁的检测及预警，下水道井盖丢失、被盗的实时监控需求。

（3）铺路、建桥等市政建设中的安全监控需求。

平安城市建设最应该关注的是跨部门业务的应用,以及视频监控数据的自动结构化处理和数据自动分析。

9.1.4 平安城市建设案例

×××平安城市系统工程包含覆盖全市范围的视频监控系统、市县道路智能治安卡口系统、主干道路电子警察系统,同时须整合其他系统的数据。因此,在系统设计与建设中坚持以"一套系统、一套标准、两类管控、三网三平台、三条线索、三级应用、四库建设"的设计理念打造一个统一的城市监控系统。

一套系统是建设一个融合视频监控、卡口和电子警察的立体化防控系统;一套标准是建立一套立体防控建设的标准化体系;两类管控是指人和车辆的管控;三网三平台是公安信息通信网、公安视频专网、社会资源接入专网三张网络,以及分别在这三张网络上建设的联网平台、共享平台和社会资源接入平台三个平台,实现对全市图像资源的统一整合;三条线索是事前警情线、事中指挥线、事后案件线;三级应用是市级、区县级、派出所级的应用体系;四库建设是指面对不同图像信息类型存储的基础视频库、基础信息库、警情信息库和案件信息库。

1. 一套标准

×××平安城市系统工程按照一套统一的标准进行规划、设计、建设、应用和管理,保证对现有视频监控资源进行有效接入和管理,避免重复建设和资源浪费;保证各单位建设的视频监控网络互联互通和视频监控信息的共享利用,避免出现图像的信息孤岛;保证整个系统的功能、性能、稳定性、安全性、可操作性等指标能满足系统的应用需求,最终实现全市图像资源的一体化调用和共享,最大限度地发挥系统建设的整体效能。

2. 两类管控

×××平安城市系统通过新建视频监控系统、市县道路智能治安卡口系统、主要交通路口电子警察系统和进出城市车辆及人员管控系统,重点实现对人员和车辆的管控。

通过对人员和车辆的管控,实现对社会治安的动态掌控、对违法犯罪的精确打击,以及对进出城市人员和车辆的监控管理要求,全面提高城市社会治安管理水平,确保社会治安形势的持续稳定、服务和保障城市经济发展建设。

3. 三网三平台

×××平安城市系统工程对城市监控系统进行总体规划,从系统业务和数据的安全性考量,建设三网三平台。

第一张网是公安信息通信网,第二张网是公安视频专网,第三张网是社会资源接入专网。

第一个平台是联网平台,部署在公安信息通信网,对各类视频信息资源进行联网接入;第二个平台是共享平台,部署在公安视频专网,对公共区域安装的视频监控前端设备进行联网接入、认证与管理,并在有权限用户之间进行共享;第三个平台是社会资源接入平台,部署在社会资源接入专网,实现本区域社会资源的整合和接入。

4. 三条线索

三条线索是指事前警情线、事中指挥线、事后案件线。

事前警情线主要指治安防控、报警布防、智能车辆布控和预案管理等,可疑、高危行为分析以预防为主,配合视频监控的社会震慑力,"作战"在事前。

事中指挥线主要指实时应用,应用对象为巡警、指挥中心等相关人员。在车辆稽查布控、轨迹跟踪、电子地图、实时警力调度、警情处置、四色预警等功能辅助下实现实时的视频监控、语音对讲、可疑信息采集。

事后案件线主要指视频侦查应用,应用对象为侦查人员。事后案件线主要针对案件线索的整理分析,通过视频浓缩、可视域碰撞、车辆轨迹碰撞等功能快速挖掘案件相关图像线索,实现对涉案目标的标准化、语义化描述,帮助侦查人员侦破案例。主要视频链、时空分析等业务功能可帮助侦查人员现场重建案发过程,梳理案情,最后确定做案嫌疑人,固化证据。事后案件线可与公安其他情报信息系统对接,进行关联查询。

根据三条线索,平安城市系统建设相应的视频图像信息数据库,可以实现视频图像数据存储、特征描述、索引建立、日常视频数据管理,以及公安视频业务应用等功能。

5. 三级应用

三级应用是指公安系统的市局、区县分局、派出所。

市局主要实现全市资源的全局管控,对事件统一指挥调度;区县分局主要实现信息的上传下达和分析处理,对事件统一指挥调度;派出所主要实现实时现场的管控。

不同的应用等级采用不同的角色权限分配,并划定其使用的资源和具体的使用功能。

6. 四库建设

四库建设包括基础视频库、基础信息库、事件(警情/案件)信息库,部署方式如下。

(1)基础视频库:直接保存基础视频监控资源(包括自建、可选社会资源、可选单兵/车载资源,均为非结构化数据)。

(2）基础信息库：存储视频监控设备自动结构化抽取出来的视频对象与特征分类描述信息、视频片段、图片等；部署大数据平台，支持海量标准信息的高效数据挖掘业务需求。基础信息库通过智能分析系统分析基础视频库中视频录像自动结构化抽取出来的资源。

（3）事件（警情/案件）信息库：存储各警种在日常警务活动中因业务需要从基础视频库和基础信息库中抽取出来的与某事件（警情/案件）相关的视频片段、图片及其结构化描述信息。

7．防线式前端部署模式

"外环内网"防线式前端部署模式是通过对国内各地平安城市系统建设实践与一线使用经验的总结，基于对视频信息结构化方向的深入理解和各种视频监控前沿技术的整合运用，为平安城市系统量身定制的视频监控建设使用综合解决方案，有效实现了城市防控包围圈和无缝网建设。

（1）第一道防线：城际干道卡口防控体系。

城际干道卡口防控体系是平安城市的第一道防线，主要建设在出入城市/地区的高速公路出入口、环城公路路口、国道/省道路口、公共交通枢纽等节点，实现出入车辆抓拍、自动车牌识别、驾乘人员智能人脸提取、特征目标布控、身份信息联动等多种结构化、实战化视频功能，形成一个城际边界闭环，对所有出入城市的人、车、目标构建有效的"城门式"防控防线。

（2）第二道防线：城内干道卡口防控体系。

城内干道卡口防控体系是平安城市的第二道防线，主要建设在市内各外环线、内环线、高架等交通干道，配合前端化的智能功能，实现对机动车的自动抓拍，实现对车辆车牌大小、颜色特征识别和对驾乘人员人脸的自动提取，对后端平台实战视频摘要等功能提供结构化的数据支持。

（3）第三道防线：市内街区"网格化"监控防控体系。

市内街区"网格化"监控防控体系是平安城市的第三道防线，主要建设在一般市内街道、高案发区域、交通场站、流动人员密集等区域。其借用数字化城市"网格化管理"思想对城区采用"网格化"前端部署，在GIS系统上根据属地管理、地理布局、人口分布、治安情况等原则划分多个治安网格区域，重点在网格边界进行点位部署，网格内更多借助社会治安监控资源接入；网格边界主要部署卡口和高清监控点位，做到"车过留牌、人过留痕"。

（4）第四道防线：核心热点监控防控体系。

核心热点监控防控体系是平安城市的第四道防线，主要用于强化重点区域、学校、社区、政府机关、广场等核心点位的防控。

在城市外来人口进出主要通道（如机场、汽车站、火车站、船运码头）部署高清监控点，并在合适的通道部署人脸卡口，记录人员流动情况。

（5）第五道防线：流动无线监控体系。

流动无线监控体系是平安城市的第五道防线，主要包含移动车载监控系统、移动单兵执法系统、移动非现场执法设备等终端。流动无线监控体系作为传统固定式监控系统的补充，无线监控系统使公安监控，具备新的灵活部署和定位跟踪能力，通过3G/4G/WIMAIX/Wi-Fi 等无线网络传输手段和各种无线前端将视频图像传输至中心，通过平台实现统一管理和可视化指挥调度，服务多种警务实战应用。

（6）第六道防线：城域社会资源整合体系。

城域社会资源整合体系是平安城市的第六道防线，将各种非公安自建的社会监控资源纳入公安社会资源整合平台，进行统一调阅、查看和管理，进一步增进了城区内视频监控网络的监控覆盖密度，为更多视频信息和线索整理提供了丰富的基础数据，配合视频智能化浓缩与自动化视频处理技术，高效服务刑侦破案和治安管理等一线实战。

8. 设计优势总结

×××平安城市系统工程采用业界先进理念和先进技术，如引进人工智能分析技术、大数据技术、云存储技术，使整体架构具备很强的伸缩弹性和改造能力，通过不断升级改造保持系统的先进性和高效性。

平安城市系统独立的业务应用系统能够保证在底层系统不变的前提下，实现业务应用的快速迭代升级，以保证业务能够更符合不断变化和改进的应用需求；全网整合资源汇聚效应，能够做到任意调用有效资源，保证更高效地开展业务；立体式防控圈和自动化前端监控部署使天网变得更缜密、响应速度更快，为人民群众的生命和财产安全提供了更完善的保障。

9.2 智能楼宇

世界上提到智能楼宇的方案有很多，欧洲、美国、日本、新加坡及国际智能工程学会的方案各有不同，其中，日本的国情与我国较为相近，其方案可以作为参考。日本电机工业协会楼宇智能化分会把智能楼宇定义为综合计算机、信息通信等方面的最先进技术,使建筑物内的电力、空调、照明、防灾、防盗、运输设备等协调工作。将建筑物自动化系统(BAS)、通信自动化系统(CAS)、办公自动化系统(OAS)、安全保卫自动化系统(SAS)和消防自动化系统(FAS)这5种功能结合起来的建筑也称为5A建筑,外加结构化综合布线系统(SCS)、结构化综合网络系统(SNS)、综合信息管理自动化系统(MAS)称为智能楼宇。

9.2.1 智能楼宇的设计原则

为了达到国内领先的目标,智能楼宇的设计应该充分考虑系统的合理性、先进性、实用性、可靠性和可扩展性的原则。

(1)合理性原则:为了保证整个智能楼宇系统从设备配置到系统构成的合理性,智能楼宇的设计原则应根据实际状况和建设视频监控系统的具体要求,充分满足用户的各项功能要求。

(2)先进性原则:随着当前计算机及通信技术的高速发展,智能楼宇的设计不但要充分利用当前的最新技术,而且必须随着技术的进一步发展,考虑是否能在智能楼宇系统中不断融入新技术,使智能楼宇系统始终充满活力,保持一定的先进性。

(3)实用性原则:智能楼宇的建设应以实用性为基本原则。智能楼宇的系统功能必须满足监、控、存、查、管、用的基本要求,硬件和软件平台界面友好、易学易用、使用方便、图像清晰。智能楼宇采用统一的系统标准和通信协议,使整个系统中的各个子系统能互联互控,充分发挥整个系统的功能。

(4)可靠性原则:智能楼宇的设计应保证视频监控系统安全、正确地完成相应功能,保证智能楼宇系统的完整性、正确性和可恢复性,要从硬件、软件协同运行中充分防止智能楼宇系统的不稳定性因素。智能楼宇系统的可靠性是智能楼宇设计的主要原则之一,要对智能楼宇系统提供24小时不间断的服务。

1)智能楼宇系统的可靠性主要表现在以下几个方面。

① 前端摄像系统的可靠性。

② 信号传输系统的可靠性。

③ 数字编解码系统的可靠性。

④ 视频存储系统的可靠性。

⑤ 视频管理服务器的可靠性。

⑥ 网络系统的可靠性。

⑦ 软件系统的可靠性。

2）在设计智能楼宇系统时应采用以下容错办法。

① 后备电源系统。

② 主要设备的备品、备件。

③ 硬盘数据容错机制。

④ 硬盘 MTBF≥10 万小时。

⑤ 图像数据远程复制技术。

（5）可扩展性原则：主要体现在智能楼宇系统横向和纵向的扩展方面。在横向扩展方面，智能视频监控系统在满足当前视频监控需求的基础上，能非常方便地扩展容量，可方便实现更大容量的视频监控系统。在纵向扩展方面，智能视频监控系统具有良好的兼容性和通用的软硬件接口，用户可在其基础上进行二次功能开发（如图像智能分析等）。

9.2.2 智能楼宇的一般架构

可以根据智能区域和安防需求设计智能楼宇的一般架构。智能楼宇的一般架构包含的区域有商铺、办公区、停车场、星级酒店、安防监控中心，与安防相关的子系统有视频监控、门禁系统、报警系统、巡更系统、对讲系统、消防系统、楼宇控制系统。智能楼宇的一般架构如图 9-2 所示。

图 9-2 智能楼宇的一般架构

（1）智能园区的解决方案更贴近智能楼宇的特殊需求，能对智能楼宇出入口的宽动态场景、狭长的走廊、低照度场景提供相应功能的产品，能解决智能楼宇中常见的个别监控点位超长（超过 100m）情况。

（2）H.265 编码格式能在保证高清图像质量的前提下将 IPC 的传输码流降至 1MB（720P）、2MB（1080P），能极大地降低存储空间，解决智能楼宇中采用全高清系统导致存储成本过高的问题。

（3）采用低功耗半球型摄像机及枪型摄像机、低功耗存储设备，能节能减排。

（4）对于智能楼宇周界和院区的长距离传输，提供多种解决方案；采用光网口摄像机、EPON 组网、光电环网等特性，使得施工布线更加方便灵活。

（5）全 IP 的监控系统架构使智能楼宇系统具有良好的扩展性。

（6）专业的存储系统，具有高密度存储、大容量接入（512 路高清摄像机）的特性，大幅度降低数据中心服务器数量，节省建设和管理维护成本。

（7）专业的通用安防管理平台，可以接入门禁、报警等安防子系统，并和视频监控系统进行联动。

（8）基于视频的停车场管理系统，可以实现无卡车辆管理和停车场车位引导，并大幅提升管理效率。

在设计智能楼宇的弱电系统时，需要考虑视频监控系统是否要与其他管理控制系统对接和能实现的功能。

9.2.3 智能楼宇的建设需求

智能化楼宇的建设需求是有完整的控制、管理、维护和通信设施，便于进行环境控制、安全管理、监视报警，并有利于提高工作效率，激发人们的创造性。简言之，智能楼宇的建设需求是办公设备自动化、智能化，通信系统高性能化，建筑柔性化和建筑管理服务自动化。

和普通建筑相比，智能楼宇有以下几个方面的具体特性。

（1）具有良好的信息接收和反应能力，能提高工作效率。

（2）提高建筑物的安全、舒适和高效便捷性。

（3）具有良好的节能效果。对空调、照明等设备的有效控制，不仅提供了舒适的环境，还有显著的节能效果（一般能节能 15%～20%）。

（4）节省设备运行维护费用。一方面智能楼宇系统能正常运行，发挥其作用可降低机电系统的维护成本；另一方面由于智能楼宇系统的高度集中，操作和管理也高度集中，人员安排更合理，因此可以降低人工成本。

（5）满足用户对不同功能的需求。

智能楼宇能够提供优越的生活环境和高效率的工作环境。智能楼宇应具有以下几个特性。

（1）舒适性：人们在智能楼宇中生活和工作（包括公共区域），无论是在心理上还是生理上均应感到舒适，为此，空调、照明、噪音、绿化、自然光及其他环境条件应达到较佳或最佳状态。

（2）高效性：提高办公业务、通信、决策方面的工作效率，节省人力、时间、空间、资源、能耗、费用，以及建筑物所属设备系统使用管理的效率。

（3）方便性：除集中管理，易于维护外，还应具有高效的信息服务功能。

（4）适应性：对办公组织机构、办公方法、程序的变更，以及设备更新的适应性强，当网络功能发生变化和更新时，不妨碍原有系统的使用。

（5）安全性：除要保证生命、财产、建筑物安全外，还要考虑信息的安全性，防止信息网中发生信息泄露和被干扰事件，特别是防止信息数据被破坏、被篡改和防止黑客入侵。

（6）可靠性：选用的设备硬件和软件技术成熟、运行良好、易于维护，当出现故障时能及时修复。

9.2.4 智能楼宇建设案例

××酒店整体采用"宇视智能建筑全 IP 监控方案"，共计 1300 个监控点，前端采用 180 多台编码器接入 500 路模拟摄像机和 800 多路 1080P 全高清网络摄像机一同实现酒店的全面监控；中心采用宇视 VM8500 视频管理服务器实现全酒店监控系统的统一管理，MS8500 流媒体服务器实现酒店内网与外网的码流转换传输，IP SAN 存储设备（容量达 2000TB）为酒店提供可靠的监控存储录像，DC28 系列高清解码器为酒店提供清晰的图像输出，宇视 TS8500 转码服务器为手机监控提供转码服务，让用户可以通过 Wi-Fi、3G 网络轻松实现手机监控。

为保证智能楼宇系统的可靠性，服务器采用 1+1 备份，在发生意外时，管理系统自动实现在线主备切换，确保业务持续性和数据安全性，增加系统冗余能力。智能楼宇整套系统基于 NGN 架构，结构稳定简单、利于扩容，满足监控系统的看、控、存、管、用的全局需求。智能楼宇建设案例如图 9-3 所示。

图 9-3　智能楼宇建设案例

9.3　大型园区

所谓园区监控，是指在一个固定周界内，有一定规模的和相关应用联动的监控系统。园区监控覆盖范围较大，一般涉及多栋建筑，管理上具备相对的独立性和完整性，一般有一定周界，同时拥有该园区网的公司/单位通常也拥有该园区内所有的物理线路。

园区是当前社会组织（厂矿、企业、机构等）生产、办公、生活等活动中最常见的地域范畴，因此也是应用最广泛的 IP 监控组网形态。园区监控涵盖企业园区、校园园区、政府机关园区、监狱、港口、机场等多个区域，主要应用在以下两个方面。

（1）安防监控领域：也就是将视频监控作为一种技防手段，用于防范财产被盗和闲杂人员闯入等，对出入口、厂区、办公楼、周界围墙、仓库等目标进行实时、全天候地视频监控，同时具备监控录像、报警联动等功能，是安保工作的辅助。

（2）生产监控领域：在某些具体的行业，为加强管理和提高工作效率，监控也会用于辅助生产系统，通常称为生产监控。生产监控是将视频监控作为管理手段，如制造型企业将视频监控用于生产线的可视化管理，学校将视频监控作为远程监考的手段等，在这种情况下，监控点的选择更多的是取决于业务和管理的需求，一般多设置在主要的生产业务区。

9.3.1　大型园区的设计原则

为了达到园区新建视频监控系统产品性能优异、质量领先的目标，大型园区在设计时应充分考虑先进性、实用性、可靠性、可扩展性和安全保密性原则。

（1）先进性原则：在大型园区的设计中，对所有设备和相应软件的设计，应该选用国际先进的视频监控设备和系统，从而既能保持传统监控系统图像质量高的特点，又能彻底解决监控系统数字化、网络化过程中的瓶颈问题。大型园区视频监控系统的设计采用数字视频方式，通过网络摄像机进行视频图像的采集，数字实时图像通过解码器在电视墙或直接在计算机终端上显示。这个技术路线保证了视频监控系统具有良好的清晰度、占用较少的管理设备资源、完全实时和一流的网络功能等诸多特点，且采用了先进的数字图像技术，为视频监控系统扩展应用打好了基础，使视频监控系统建成后在很长时间内不会被淘汰。

（2）实用性原则：具体内容见上文。

（3）可靠性原则：具体内容见上文。

（4）可扩展性原则：具体内容见上文。

（5）安全保密性原则：由于大型园区的视频监控系统会涉及商业场所的实时监控，数据传输量大及使用人员多，因此安全性和保密性就显得十分突出和重要。在考虑视频监控系统的安全性和保密性时，除应考虑各种外界干扰外，还需要在各个环节提供安全和保密措施。

9.3.2 大型园区的一般架构

大型园区系统一般采用模块化的设计思路，分为视频监控子系统、园区车辆管理子系统、智能分析管理子系统、移动监控管理子系统、人员物资管理子系统、智能运维管理子系统、智能园区平台子系统几个部分。

各部分之间实现互联，其中设备设计联网拓扑，包括园区周界、办公楼、工厂生产车间、行政楼、重要机房、财务室，以及出入口、主干道及停车场等，分场景布设具体的设备，如人脸识别、4G布控球、交通抓拍机。建设监控中心及分园区分控中心，实现云终端设备和可视化报警管理应用。

9.3.3 大型园区的建设需求

对于大型园区监控来说，一方面用户对视频监控系统本身的操控体验要求越来越人性化，如高清画面显示、基于事件的录像快速检索精确定位、三维仿真GIS与组态等；另一方面，用户对视频监控系统的定位也不再是孤立的视频图像采集再现系统，而是安防系统或其他专业应用系统的有机组成部分，视频监控系统应该能与安防系统的其他子系统（如门禁、报警、消防等），或者专业应用系统的其他子系统（如SCADA动力环境系统、考勤系统、图像智能分析系统等）完成充分的融合互动。此外，随着园区规模的扩大或企事业单位分支机构（如分校、分厂、异地厂区）的不断加入，多园区监控系统的跨域联网及统一应用管理的需求也会越来越多。在这种情况下，园区监控的需求已经发生了许多变化，其中有 4 个关键需求需要加以解决。

（1）扩展性及原有资源利用的需求。随着园区规模的扩大或企事业单位分支机构（如分校、分厂、异地厂区）的不断加入，园区的监控规模和密度比以往都增加了许多，也使得基于 IP 的联网监控逐渐成为主流。同时，对原有监控资源的整合和多园区监控系统的跨域联网需求也会越来越多。

（2）全局资源的统一管理。在 IP 技术越来越多地融入视频监控领域后，安防监控与生产监控这两种目的不同的业务在视频监控系统中实现共享和融合已经成为可能，由此也带来了园区监控规模的进一步扩大。视频监控系统需要对大量的监控资源进行统一管理，对大量的前端设备进行统一维护，从而提升故障发现及处理的效率。

（3）开放性及业务应用的整合。

（4）对可靠性的需求。随着视频监控系统在园区监控中的地位日趋重要，视频监控系统的可靠性也越发受到重视。从前端设备的可靠性到网络链路的可靠性、存储的可靠性和管理平台的可靠性，都需要在以往视频监控系统的基础上加以提升。

9.3.4 大型园区的案例

（1）建设背景：为了给员工营造安全、有序的生产和办公环境，依据相关的国家标准及行业规范，在完善与健全公司现有各种制度及设施的同时，建立一套覆盖整个园区的综合安全防范系统，对园区内的生产环境及重要设备的运行状况加以监视。

（2）组网模式：整套系统以 VM5500 平台为核心，采用全交换架构对多达 300 余路的网络高清摄像机进行统一集中管理，并与门禁、报警、车辆出入管理系统进行平台对接。针对不同应用区域采用功能差异化摄像机进行部署，以保证每个监控点位都能够采集到最优质、清晰的视频图像。异地分厂采用 ISC6500 进行前端摄像机接入，利用烟机 IP 视频监控专网与总公司进行远程调用。

（3）用户价值：利用技防的优势，结合原有人防的特点，最大限度地监视公司在厂区对火灾、失窃，以及恶意破坏等对安全生产构成威胁的情况，保证公司的生产安全和社会治安的稳定。

大型园区的案例如图 9-4 所示。

图 9-4 大型园区的案例

9.4 广域跨域互联监控

随着用户需求的不断提升，视频监控从以往一个个孤立的点，正逐渐走向集中联网，以满足资源的统一部署和监管，甚至可进行大数据采集分析和为新型可视化管理模式服务。对于社会资源接入、企事业、教育、金融等拥有多层组织架构的广域跨域互联监控来说，其面临的最大挑战是跨广域网的信令/媒体数据互通问题，以及低带宽广域网环境对音视频完整度、流畅度的影响。

广域跨域互联监控的典型特征是网络链路多样、传输带宽有限、管理平台分级、安防业务要求复杂多样。

1. 管理平台的部署问题

广域跨域互联监控一般都具备多个监控中心，需要部署多级管理平台。银行网点的联网监控系统结构为典型的树型管理结构，即总行—分行—支行—网点结构，其他电力、环保、交通等行业的结构也类似。在早期，管理平台的部署基本是单个网点自行建设和部署一系列 DVR 产品。随着互联网需求的逐步展开，大部分传统的 DVR 厂商就在 DVR 的开发接口上开发了一套管理软件，向更上一级的管理平台开放，实现多级联网。

但是多个上级平台直接管理前端会存在以下两个问题。

（1）多个上级平台管理和操作同一个前端，业务资源存在冲突。虽然部分 DVR 也可以实现简单的优先级，分配给不同的上级平台，但是这种解决资源冲突的方法要求前端设备具备更复杂的功能和前端维护人员具备更高超的技能，这显然背离了要求前端设备无人值守和无人管理的初衷。

（2）对于典型的树状广域互联结构，平台是逐步收敛的，但是每级上级平台都对前端每个 DVR 进行管理操作，增加了最上级平台的负荷。

2．存储系统的部署问题

由于广域网带宽有限，无法满足所有监控点的监控视频实时传送到上级平台，因此就会要求监控视频在前端 DVR 存储，但这会存在以下两个问题。

（1）监控录像数据缺乏技术冗余或数据备份手段，DVR 一旦硬盘出现故障，相关录像数据就会丢失，且上级主管部门没有可及时发现故障的手段，无法保证监控录像一直被正常记录。

（2）监控视频存储及管理主机都在现场，监控系统及存储的视频有被任意破坏、恶意停机的风险，DVR 中历史数据可以被随意删除和破坏，缺乏必要的上级监管手段。

3．网络支撑系统的问题

跨广域网实现视频监控业务，在网络环境的复杂性、系统的可靠性、业务的多样性等现状下也对监控系统提出了更严格的要求。

（1）广域网部署复杂，IP 地址空间划分各异。由于广域网环境的复杂性，以及跨部门之间网络规划的独立性，因此网络地址往往不统一，不同部门之间的监控系统联网之后，无法相互访问，这就要求需要重新规划网络地址。但是这在某些场景下是不现实的，如社会资源的联网监控，一般要求要上传几路监控图像到当地的公安机关，实现社会资源的监控图像被公安部所用，但如果要求社会资源的监控设备与公安部的监控设备或监控平台规划统一的 IP 地址，显然是不可能的。

（2）核心平台的可靠性要求提升。监控系统从单点到联网，无形中加强了核心管理平台的作用与地位，因此对核心管理平台的可靠性尤为重要，核心管理平台一旦出现设备故障，整个监控系统将承受不可预知的损失。

（3）跨广域网环境数据业务的多样性。为了节约网络带宽资源，各种业务（如办公数据、生产数据、监控视频等）共享一条链路，保证这些数据共享物理资源的同时能不互相影响，以及保证高优先级的数据传输，成为监控系统和承载网络共同面对的问题。

4．安防监控业务的问题

前端接入单元，除具备基本的视频监控外，还要求具备安防业务功能，如入侵报警、门禁出入控制、智能分析、动力设备环境数据采集等。但大多数安防系统是独立的，这就要求监控系统本身能够支持基本的安防业务，或者能够与专业的安防业务系统联动提供复杂的安防业务功能，或者通过灵活的定制开发集成到具体的行业系统中，方便实现前端接入单元的无人值守或监控自动化。

9.4.1 广域跨域互联监控的设计原则

由于跨地域的广域互联监控用户大多都属于独立的行政单位，因此在设计建造时则需要充分考虑当地的使用方式。一般来说，80%以上都是当地行政单位在使用，仅有20%左右是跨广域互联的应用在使用，在此类应用中，系统的可操作和可维护性是非常重要的。广域跨域互联监控的设计应遵循以下几点原则。

（1）系统性原则：超越部门应用的局限性，以系统工程的视角，考虑企业的运营能力和发展需要，坚持"一次设计、合理投资、预留发展、分步到位"的方针，尽量采用能使监控系统不间断的发展和扩充技术。

（2）易于维护性原则：要充分考虑用户对监控系统进行日常维护的工作难度，尽量减少维护工作量，甚至做到零维护。当监控系统的某部分出现问题时不会影响整个监控系统的运行。

（3）具体性原则：充分考虑安保的各种具体要求和当地的具体情况。

（4）易操作原则：监控系统的操作应具有灵活简便和易于掌握的特点，操作人员能够方便地进行使用及维护，使整个监控系统发挥最大的功能。

（5）开放性和标准性原则：因为要满足监控系统选用的技术和设备的协同运行能力，监控系统投资的长期效应，以及监控系统功能不断扩展的需求，所以必须追求监控系统的开放性和标准性原则。

（6）可靠性和稳定性原则：在考虑技术先进性和开放性的同时，还应从监控系统结构与产品选型、技术措施、设备性能、系统管理、厂商技术支持及维修能力等方面着手，确保监控系统运行的可靠性和稳定性，达到最大的平均无故障时间。

9.4.2　广域跨域互联的一般架构

广域跨域互联监控系统由上下级监控平台、传输链路、存储系统、前端监控系统和显示控制系统组成，上级监控平台作为用户信息的汇总管理和设备故障分析，对重要点位进行监控，各级监控域通过权限划分，可以实时查看、查询录像在本地的监控点位。系统构架采用分布式结构，支持多级中心应用，采用模块化设计及分布式的数据管理，达到多级中心间的数据同步、信息交换、信息转发等功能。

9.4.3　广域跨域互联的建设需求

1．下级园区系统独立自治

每个下级园区都是一个独立完整的视频监控系统，具备单独的监控中心、监控管理平台、传输系统、存储设备、前端编码及后端解码设备，可以完成本园区内所有视频监控点的调度和管理。

2．监控系统间多级互联

多级监控系统间要实现资源的共享及授权使用。由于各子系统独立建设，可能采用不同的实现技术，因此在监控系统间多级互联的时候，需要解决多厂商系统兼容的问题。目前的实现方式有以下两种。

（1）上级监控平台分别兼容不同品牌的下级平台。

这种方式的核心是各园区系统的下级监控平台开放自己的 SDK 接口，由上级监控平台按照这些 SDK 接口分别对下级监控平台进行兼容适配，完成全网图像资源的整合。这种方式的好处是实现了全网基于监控平台的数字互通，不足之处是后期各地新建的监控系统和上级平台均需要随之跟进，按照其提供的接口进行开发，并且由于没有标准的规范制约，互通系统之间的接口可变性大，因此可能需要上级平台进行持续性开发和维护。

（2）上下级园区监控系统采用统一的标准互通协议实现联网。

这种方式要求监控系统间的多级互联使用统一的控制信令，如使用统一的 SIP 信令作为控制信令进行协议互通。标准中规定的联网过程中的控制信令和视频数据的传输和转换的实现都基于标准的 SIP 协议实现。

监控系统的多级互联需要在控制信令和媒体流两个层面能够完成互通，以上两种实现方式是针对控制信令进行协议互通的解决方案，其中，以统一的监控平台互通协议为基础的联网方式是未来的发展方向和趋势。在当前的实际应用环境下，如果条件不足，也可以先使用 SDK 兼容的方式进行过渡，同时受业界视频编码标准的限制，目前不同厂商间的产品无法在媒体流层面实现硬件级的互编、互解。在视频解码层面上，可以使用各厂商解码控件进行软解码的方式来实现。

3. 全网资源统一管理

多园区的监控系统要实现广域互联，所有监控点图像资源必须进行统一标识，全网图像资源及用户资源统一制定编码及命名。通过统一的编码，全网监控资源都具备唯一的标识，从而为图像资源的统一管理提供基础。

4. 跨广域业务处理

监控系统的本质是要实现视频图像资源的"看、控、存、管、用"，传统监控系统考虑这些问题都是从单园区本地监控的角度出发的，当我们把联网监控的范畴延伸到跨广域的多园区互联时，就要求监控系统能够从全局而不只是从单个园区的角度来实现"看、控、存、管、用"了。监控系统间在多级互联的时候，需要有权限的共享通信机制，由于每个园区监控系统的用户权限要求不同，因此多园区监控系统应可相互检索到各自平台的授权用户信息，互联平台之间可通过权限设置来实现资源的共享。

5. 广域网络线路连接

园区间的广域承载网络承载跨域的图像视频数据流，可以是专网（企业内网、VPN 网络），也可以是公网（互联网），因此会分化出两种不同的方案。基于专网和公网实现联网最本质的区别是专网和公网的拓扑设计原则不同。专网的典型特征是业务模型相对稳定、可控，大多数企业的内网都是专网模式；公网的典型特征是业务的随机性和非控性，互联网和电话网都是典型的公网。视频监控业务作为企业、学校、政府机关内部专用的一种业务，其业务本身是不对外共享的，因此基于专网承载的联网监控是比较合适的业务模型，目前绝大多数企业网络是内部专网而非互联网。

6. 干线管理

多园区之间的广域网络带宽往往是有限的，因此要求互联的园区监控系统间支持用户接入。对用户接入能力的协商及管理包括监控平台间媒体流量的管理和媒体流数量的限制，并可实现管理用户对跨域系统媒体流的强制撤线和提示管理。

9.4.4 广域跨域互联建设案例

（1）建设背景：由于 4S 店的特殊产品和环境，也给店面的防盗防损带来了一定的隐患,加大了管理难度,因此要考虑防盗和防损问题。××省××汽车 4S 店为加强全省联营的安全规范管理,截至目前已对全省 13 个城市约 35 家店面建设视频监控项目,统一部署集中管理建设。

(2)组网模式:指挥监控中心采用视频管理服务器作为上级域,配置高清硬件解码器及电视墙,分店采用 ISC2500 NVR,前端设备采用 HIC3400 系列网络摄像机、编解码器及交换机进行组网。重点区域采用网络高清 HIC6501EX22 球机进行全方位巡航监控。通过互联监控专网,指挥中心可以实时查看各分店的视频图像,进行统一管理。

(3)用户价值:4S 店的最大特点是顾客可以自由观看和自由体验,4S 店管理好贵重的物品、规范员工行为、提高生产和管理效率、预防和制止犯罪行为是重要问题。广域互联系统的部署基于互联网络,将 13 个城市下属 4S 分店进行统一集中管理。在提高自身监督管理的同时,也对分店安全提供了有效的保障。广域跨域互联建设案例如图 9-5 所示。

图 9-5 广域跨域互联建设案例

9.5　本章小结

本章介绍了常见的平安城市、智能楼宇、大型园区、广域跨域互联监控 4 种典型场景下的视频监控系统应用，可以将其举一反三地延伸到校园、机场、金融、高速公路、高铁等行业。在延伸时首先要了解该行业的需求，然后根据通用的原则结合用户的实际使用习惯，设计出弱电系统的架构，根据架构再细化每个系统、每个点位的具体设备选型。容易忽略的一点是视频数据流量大，在设计方案时不要留下网络带宽瓶颈。